自然エネルギーと協同組合

村田武・河原林孝由基 編著

筑波書房

はじめに

民主党菅内閣がすべての再生可能エネルギーに固定価格買い取り制度（ＦＩＴ）を導入するために「再生可能エネルギー特別措置法案」を閣議決定したのは、２０１１年３月11日午前の閣議においてでした。その数時間後に発生した「３・11原発震災」は原発の「安全神話」を打ち砕きました。脱原発を基本とするエネルギーの抜本的な転換が求められるなかで、この法案は菅首相の首と引き換えに11年８月に成立し、翌12年７月に施行されます。これによって「新エネルギー特別措置法（ＲＰＳ法）」による「利用義務量方式」から「固定価格買い取り方式」への転換が実現したのです。

しかし、この法律は「３・11原発震災」前の、すなわち原発依存の旧エネルギー政策のもとで立案されたことによる限界を抱えていました。その最たるものが、「電力会社に再生可能エネルギーの電気受け入れ拒否を認める」規定（第４条１、第５条２）と、再生可能エネルギーの電力系統への優先接続が電力会社に義務づけられていないことでした。それは実際、２０１４年９月の九州電力の接続保留に始まって、北海道電力、東北電力、四国電力でも同様の動きを見せ、10kW以上の再生可能エネルギー発電設備の新規契約がストップしたのです。

さて、安倍政権は福島の事故原因の究明を放置し、事故の収束もおぼつかないなかで原発再稼働に前のめりです。さらに、２０１６年12月20日には経済産業省の有識者会議「東京電力改革・１Ｆ問題委員会」（東電委員会）は、「東京電力福島第１原発の廃炉費用や賠償費が従来予想の11兆円から21・５兆円に膨らむので、電力自由化で新規参入した『新電力』を含む電力会社の送電網の利用料（託送料）に２０２０年（電力会社の送配電部門を別会社にする発送電分離を実施する年）から40年間、計２・４兆円を上乗せし賠償費に充てる」という提言をまとめました。つまり、福島第1原発の事故処理など原発費用を国民の電気料金に上乗せしようというのですから開いた口が塞がりません。超党派の議員連盟「原発ゼロの会」（共同代表＝河野太郎・自民党行政改革推進本部長、近藤昭一・民進党副代表）が「国民にツケを回す前に東電を破たん処理して責任を明確にすべきだ」としたのは当然でしょう。なお、この福島第1原発事故にともなう賠償問題については、『原発災害下での暮らしと仕事――生活・生業の取戻しの課題』（協同組合研究誌「にじ」編集部企画・小山良太／田中夏子監修、筑波書房、２０１６年10月刊）が詳しいので紹介しておきます。

安倍政権の「原発回帰」戦略は、「再生可能エネルギー」（以下では「再エネ」または「自然エネルギー」＊とする）事業と新電力の立上げへの機運を削ぐばかりです。ドイツにおいては、市民主導のエネルギー協同組合や、農村での「自然エネルギー１００％による村おこし」などのボトムアップ型の取組みが、地球温暖化対策としての「エネルギー大転換」すなわち「脱原発・自然エネルギー第一、原発など大規模発電所から小規模発電所でエネルギーの地産地消へ」というドイツ政府の国家戦略に支えられていることを知るだけに、脱原発に舵を切れないわが国政府と財界の先見性のなさに憤りを覚えます。

日本列島における地震・火山活動が本格的な活動期に入り、原発震災の危険性がいよいよ高まり、地球温暖化にともなう気象災害の頻発は、被災者が激増する災害対策を優先しなければならない時代になっています。安倍政権の「原発回帰」に対抗して、国民自らの力で脱原発と結びつけて自然エネルギー事業の展開を図ることが求められます。地域経済の活性化には、何よりも農業をはじめとする第1次産業の再生が不可欠です。そしてわが国は、農林漁業・地域経済の活性化を、脱原発・原発に依存しない地域社会の構築への取組みと結びつける必要があります。

しかも大企業が国際企業化して地域での雇用を担わなくなった現在では、地域からの仕事起こし・雇用の場の創出をめざす以外にありません。それを明確に提起したのが、内橋克人氏の「FEC自給圏の形成」論でした。グローバリゼーションのなかで大企業製造業が多国籍化して「雇用力」を激しく後退させてしまった現実のもとで、住民に雇用の場を提供し、定住できる条件が確保された地域社会には、新たな地域産業が必要である。21世紀の日本では、食料（F：Food）、エネルギー（E：Energy）、ケア（C：Care、医療から介護、教育までを含む広い意味での人間関係領域）で新しい基幹産業が生まれなければ、日本経済は必ず行き詰まり、国民の安心も安全もないとされます。内橋氏の先見性は、「FEC自給圏の形成」論を東日本大震災以前から主張されてきたところにあります。

この内橋氏の提言に応えて、地域外からの大手事業者の投資に依存するのではなく、協同組合は、地域から自然エネルギー事業に本格的にとりくむべきではないでしょうか。

第1章でみるように、農協は畜産バイオガス発電事業で組合員の畜産経営を支えることが可能です。また、第2章でみる営農型太陽光発電（ソーラーシェアリング）は、耕作放棄地を増やさない運動に大いに利用できます。

第3章でみるように、「産直でんき」の取組みを通じて生協と農協は、「食とエネルギーの産直」という新たな連携が可能です。消費者（生協）が食の産直で農業を支えるとともに、エネルギーを農村で生産者といっしょに生産（エネルギーの産直）して農家を支えることが求められるのです。

第4章では、ドイツにおけるエネルギー大転換とバイオエネルギー村づくりを紹介します。

本書は、一般社団法人ＪＣ総研が協同組合研究誌［季刊］『にじ』の２０１５年夏号から２０１７年春号までの８回にわたって特集した連載「地域発・再生可能エネルギーの取り組み」がもとになっています。同連載の中心的編集を担った河原林孝由基（当時はＪＣ総研主任研究員）と監修を担当した私が、とくに農協や生協など協同組合がどのように自然エネルギー事業に取り組むかに参考になる論究を抜き出したものです。このような形での出版をお許しいただいた一般社団法人ＪＣ総研に厚く御礼申し上げます。

村田　武

＊「自然エネルギー」

本書では、自然現象のなかで再生されるエネルギー資源「再生可能エネルギー」に「自然エネルギー」の言葉を当てる。そのほとんどは太陽エネルギー由来（太陽光・太陽熱、風力、水力、バイオマス、波力など）、マグマ由来の地熱エネルギー、引力に由来する潮力エネルギーである。国際的にはNew Renewable（新再生可能）が当てられ、ダム式大型水力発電や、カマドやたき火など旧式のバイオマス利用は除かれる。バイオマス biomass とは、木材、穀物、家畜糞尿、生活ごみなど、生物由来の有機物資源のことである。

目　次

第1章　農協が取り組める畜産バイオガス発電

1　畜産バイオガス発電はどのように事業化されてきたか

２０１２年7月に施行された「再生可能エネルギー特別措置法（ＦＩＴ法）」は、自然エネルギー発電による電力の全量「固定価格買い取り方式」への転換を実現させるものでした。メタン発酵ガス化バイオマス発電（以下では畜産バイオガス発電、または単にバイオガス発電といいます）は39円／kWhの固定価格です。20年間の固定価格での買い取りは、初期設備投資のほぼ15年での減価償却を可能とする水準で設定されたとされています。

ところで、畜糞を原料とするバイオガス発電の取組みそのものは、畜産ことに酪農経営の規模拡大のなかで糞尿処理コストや労働負担が増加し、さらに農村での混住化が進むなかにあって畜産の臭気が「悪臭公害」として対策を求められるようになったこと、さらに有機農業の推進にそれまでの堆肥に留まらずメタン発酵後の消化液（液肥）を利用しようという動きのなかで、大型酪農経営が成立している北海道を中心にＦＩＴ法施行以前から始まっていました。とくに１９９９年に「家畜排せつ物の管理と適正化及び利用の促進に関する法律」の施行にともなって、北海道ではバイオガス発電施設に対する関心が大きくなったとみられます。

これまでのバイオガス発電施設の稼働経緯は以下のようです。2007年以降にとくに北海道ではここに掲示した施設以外にも導入実績がありますが、ここでは農協が取り組めるバイオガス発電事業の考察が中心なので、それに必要な限りにとどめています。

1998年　京都府「南丹市八木バイオエコロジーセンター」
2000年　北海道江別市「町村農場」（コーンズ社実用機第1号）
2003年　岩手県葛巻町㈱葛巻町畜産開発公社「くずまき高原牧場畜ふんバイオマスシステム」
2004年　北海道士幌町「バイオマスプラント実証試験」（士幌町の主導でJA士幌町参画）3戸の酪農経営（鈴木牧場、溝口牧場、房谷牧場）で実証試験（2004年3月～05年1月に稼動）
2006年　岩手県小岩井農場「㈱バイオマスパワーしずくいし」
2007年　北海道鹿追町「環境保全センター」
2012年　JA士幌町　第2世代戸別型プラント4基稼働（富田牧場・山岸牧場・嘉藤牧場・多田牧場）

以下では、北海道鹿追町「環境保全センター」（2007年稼働、17年現在同センター「中鹿追バイオガスプラント」）、北海道JA士幌町第2世代戸別型プラント（2012年稼働）を紹介します。

2　集中型プラント――北海道鹿追町「環境保全センター」

畜産バイオガス発電施設について大別すると、①集中型プラントと②戸別型プラント(1)に分類されます。

①　集中型プラントとは、地域における複数の酪農家から収集した糞尿を集中的に処理する施設
②　戸別型プラントとは牧場単位で酪農家が糞尿の処理のため個別に設置した施設

ここで紹介する北海道鹿追町「環境保全センター」は集中型プラント事業の先進事例です。

(1)　なぜ、畜産バイオガス発電

鹿追町は北海道十勝平野に位置する道内でも有数の農業地帯であり、畜産部門では酪農の占める割合が高く、町の産業では第1次産業が35％に達します。管内には大雪山国立公園があり観光資源が豊かで、観光客入込数は年間80万人を数えます。

農業産出額175億円、うち畑作26％、酪農52％、その他畜産22％

鹿追町、士幌町の位置

乳牛1万8０００頭（出荷乳量10万トン）
肉牛1万1０００頭（乳雄肥育）

畜産バイオガス発電事業の第1の目的は、家畜糞尿処理の負荷軽減、地域観光開発にかかる悪臭対策にありました。同時に、その副次的効果として酪農経営（フリーストール式）の糞尿処理作業が軽減した結果、搾乳牛を増頭する経営も現れました。飼養頭数の伸び率は道内平均で5％のところ、鹿追町では20％増になっています。

バイオガス発電事業の運営は鹿追町（自治体）主体であり、農協は酪農家との調整とりまとめ役を担っています。２０１４年5月施行の「農山漁村再生可能エネルギー法」は、市町村で「地域協議会」を設立して事業計画の立案や利害調整等を行うこととしているので、農協による「地域協議会」への参画・働きかけが重要となってきます。

（2）畜産バイオガス発電の実際

メタン発酵原料は乳牛糞尿（フリーストール式）が中心で、一部稲わらを混入しています。管内で対象とする乳牛の頭数は１３００頭規模です。ＦＩＴ法による買い取り価格・対象期間は39円／kWh（税抜）・14年[2]であり、発電機能力は３０８kW（発電機2台）、稼働率は67％となっています。集中型プラントは地域全体を対象とすることから今後の処理量増加を想定したバッファーを見込む必要があります。処理量増加にともなう稼働率アップは70％前後とみられます。

売電収入以外に家畜糞尿の引取りを有料化しており、酪農経営から利用料年間1万２０００円／頭を徴収しています。トン当たりの糞尿引取単価を収入÷排泄量から算出すると、おおよそ500円になります。なお、家畜糞尿の輸送は「環境保全センター」が担当し、農家の糞尿処理作業が軽減されます。いずれにしても、家畜糞尿の引取りを有料化するには酪農家に理解を求める必要があります。

また、消化液（液肥）の散布作業も「環境保全センター」が担当し、農家から製品代50円／トン、散布料500円／トンを徴収しています。

消化液の処分、液肥利用は第4節でその課題を提起しますが、消化液処分先の見通しがあることが事業化の前提となることに留意が必要です。

初期投資額は15億5000万円で、鹿追町出資の3億5000万円（22・5％）を除く12億円は国55％、北海道22・5％の助成金を得ています。集中型プラントは事業規模が非常に大きくなるものの、処理量当たりの建設費は戸別型プラントに比べれば安くなります。

2007年10月に稼働し、FIT法施行以前のRPS法によって北海道電力の送電線に系統連系しています（「系統連系」とは、電力会社の電力系統（送電線）に電力を供給すること）。電力会社によっては安定的に接続可能な電力量に限界があるとして新規接続の留保を表明する等先行き不透明な状況があるので、系統連系実現の見通しがあることが事業化の前提となります。

決算状況は単年度黒字基調であり、発電機（108kWの1基と200kWの1基、計2基で1億円）更新分の内部留保は確保可能とのことです。運営費・収支状況について人件費は収入対比20％程度1500万円。要員体制は5名で、うち技術者1名、嘱託4名（利用組合を組織し業務委託）。なお、50kW以上の発電機導入では「電気事業法」に基づき設備維持管理業務や保安確認業務等を行う電気主任技術者の選任が求められます。その他経費については発酵・発電運転費用（人件費、減価償却費、租税等を除く）は収入対比30％程度。なお、設備導入業者に対しては、性能保証契約を締結しています。キャッシュフロー面では単年度利益を計上し内部留保を確保しており、資金繰りに問題はないといいます。

（3）事業化のリスクはどうか

経営・財務の安定性について、ガバナンス・資本構成面では鹿追町（自治体）が事業主体であり、責任の所在は明確です。

売電はＦＩＴ法により事業期間中、売電価格は39円／kWh（税抜）で固定されており、安定しています。収入の過半を占める売電の価格・販売先が安定していることは事業計画上、長期的な見通しが可能となり大きなメリットといえます。また、家畜糞尿引取料・消化液散布料を有料化しており、その価格設定には酪農家・農家の理解が必要なので価格変動要素はあります。現在は収入に占める割合はそれぞれ２割程度です。

設備全般の建設請負はコーンズ社です。コーンズ社は、わが国の畜産バイオマス発電事業をリードする２大設計施工業者[3]のひとつであり、実績のある業者が選定されています。機器のメンテナンス契約は、同社の他、発電機メーカー（ドイツ製）とも直接契約をしています。畜産バイオガス発電では、発酵原料によっては攪拌機やポンプに高い性能が要求されるので、業者選定には注意が必要です。（以上は２０１４年7月24日に行った鹿追町視察、および同町ホームページを利用して整理したものです。）

3　戸別型プラント――ＪＡ士幌町の第2世代型プラント

戸別型プラントは北海道を中心に全国で複数事例が認められるものの、農協が主体的に事業の企画・管理を行い、事業の全般を詳細に把握しているＪＡ士幌町の第２世代型プラント[4]を戸別型プラント事業化モデルの先進事例として紹介します。

(1) 取組みの背景と農協の役割

士幌町は北海道十勝平野に位置する道内でも有数の農業地帯であり、大規模農業経営（畑作・酪農・肉牛）が特徴です。

ＪＡ士幌町農畜産物販売高３０５億円

乳牛１万８０００頭（出荷乳量８万トン）・酪農経営74戸（うち乳牛飼養頭数１０１頭以上が57戸・75％）

肉牛４万７０００頭（農家27戸）

ＪＡ士幌町の畜産バイオガス発電事業は、家畜糞尿処理の負荷軽減と悪臭対策を第一義に取組みを開始しました。酪農経営の乳牛飼養頭数の増加にともなって、飼養形態が従前の繋ぎ飼いからフリーストールに変化してきました。ところが、フリーストール式ではスラリー状の糞尿（敷料がないので糞と尿だけの液状）となり完熟堆肥化が難しいことから、糞尿の処理対策と一体となった畜産バイオガス発電に着目するところとなったのです。また、酪農経営では「震災時に電気の使用ができなかったことが一番困った」ということもあって、自家発電の確保という意義もありました。また、副次的効果として戸別型プラントではガスエンジンから発生する熱を利用した温水を自牧場内で利活用できることもありました。

事業運営は、農協の提案にもとづいて、畜産バイオガス発電施設一式は農協で取得したうえで、その実証研究を酪農経営に委託するという方式です。施設等利用料が農家から徴収される形態です。また、ホクレンが施設の施工管理を担いました。

(2) 事業の具体的内容

メタン発酵原料は乳牛糞尿（フリーストール式）が中心です。廃棄乳を含む雑排水も原料に加えられます。対象とする乳牛の頭数は1牧場当たり平均２００頭といった規模です。北海道の酪農経営ではおよそ飼養頭数１５０頭を超えるとフリーストール式が標準になっています。そして、戸別での畜産バイオガス発電の採算ベースはほぼ２００頭規模であろうということでした。

ＦＩＴ法による買い取り価格・対象期間は39円／kWh（税抜）・20年であり、発電機能力・稼働率は64kW発電機（１台）で稼働率92％となりました。発電機能力は稼働実績を踏まえて、導入時の50kWより引き上げられています。また、稼働率はメタン発酵槽運転等に必要な電力自家消費分を差し引いた後のものです。戸別型プラントの稼働率が高いのは、飼養頭数など酪農経営形態に即した最適な施設と機器類の設置が可能であることによります。

戸別型プラントの収入は売電収入に限られます。消化液（液肥）は自家農場（飼料作物畑地や牧草地）への散布が中心ですが、一部は畑作農家の麦稈（敷料等）との無償交換もあります。

　初期投資額は1牧場当たり約2億円です。この投資額は、メタン発酵槽をスチール製からコンクリート製にするなどの寒冷地仕様を施していることから、標準的な価格より若干高めになっているといいます。この初期投資はＪＡが負担しており、26％の補助金を得ています。運営は単年度黒字基調です。酪農経営の自家労働で管理できる（当該事業のために増員の必要はない）ので、人件費を吸収できます。酪農協の実証化委託事業として酪農経営家が負担する利用料には、発酵・発電運転費用に加えて減価償却費、租税等が含まれており、総経費は収入に見合っています。その他経費についても戸別型プラントでは機器類の運用は酪農経営で施設維持管理が可能であり、メンテナンス費用の低減につながっています。さらに均一なメタン原料が確保できることからメタンの発酵効率が良いうえに、糞尿の輸送コストがかからない等の利点もあります。キャッシュフロー面では償却後収支はトントンないし若干の利益を計上しており、資金繰りにも問題はありません。

(3) 事業化のリスクはどうか

　経営・財務の安定性について、ガバナンス・資本構成面では酪農経営が経営主体（農協の実証化委託事業として、畜産バイオガス発電施設の利用料を農家が農協に支払うスキーム）であり、責任の所在は明確です。また、資金調達は設備資金の見合いとなる資金を農協が北海道信連直貸（共同利用施設等設備資金）により制度資金を借入調達しており、資金調達コストおよび資金調達の安定性に問題はありません。また、糞尿処理施設（液肥散布機を含む）であれば、畜産環境整備機構によるリースも可能であ

表　集中型プラントと戸別型プラントの事業収支構造（モデル）

<table>
<tr><th colspan="5">集中型プラント
北海道鹿追町「環境保全センター」</th></tr>
<tr><th></th><th colspan="2">科目</th><th>算出の考え方等</th><th>補足説明/留意事項</th></tr>
<tr><td rowspan="3">収入</td><td colspan="2">売　電</td><td>固定買取価格39円/kWh（税抜）×年間売電発電量（kWh）</td><td>稼働率67%＝年間総発電量（kWh）÷［発電機能力308kW×24時間×365日］
年間総発電量のうち電力自家消費分として２割程度を控除したものが売電発電量</td></tr>
<tr><td colspan="2">家畜糞尿引取</td><td>利用料12,000円/頭×家畜糞尿引取頭数</td><td>トン当たり糞尿引取単価500円＝家畜糞尿引取収入÷［１頭当たり年間排泄量23トン×成牛数（頭）］
有料化は酪農家の理解が必要</td></tr>
<tr><td colspan="2">消化液散布</td><td>製品代50円/トン×販売液肥量（トン）＋散布料500円/トン×散布液肥量（トン）</td><td>消化液処分先の見通しがあることが事業化の前提</td></tr>
<tr><td>計</td><td colspan="2"></td><td></td><td></td></tr>
<tr><td rowspan="3">支出</td><td>固定費</td><td>人件費</td><td>収入対比20%程度</td><td>要員体制５名うち技術者１名、嘱託４名（利用組合を組織し業務委託）
電気主任技術者を要選任</td></tr>
<tr><td>変動費</td><td>発酵・発電運転費用</td><td>収入対比30%程度</td><td>機器のメンテナンス契約はコーンズ社の他、発電機メーカー（ドイツ製）とも直接契約</td></tr>
<tr><td colspan="2">その他</td><td>全体経費の賦課分</td><td>同施設では堆肥化、下水汚泥・生ゴミ等の処理事業も行っており、全体経費を按分賦課</td></tr>
<tr><td>計</td><td colspan="2"></td><td></td><td></td></tr>
<tr><td rowspan="3">収支</td><td colspan="2">償却前収支</td><td rowspan="2">収入計－支出計</td><td></td></tr>
<tr><td colspan="2">（▲減価償却費）</td><td>全額公助</td></tr>
<tr><td colspan="2">償却後収支</td><td>単年度利益計上</td><td>発電機更新見合いの内部留保確保可能</td></tr>
</table>

<table>
<tr><th colspan="5">戸別型プラント
JA士幌町の第２世代型プラント</th></tr>
<tr><th></th><th colspan="2">科目</th><th>算出の考え方等</th><th>補足説明/留意事項</th></tr>
<tr><td rowspan="3">収入</td><td colspan="2">売電</td><td>固定買取価格39円/kWh（税抜）×年間売電発電量（kWh）</td><td>稼働率92%＝年間総発電量（kWh）÷［発電機能力64kW×24時間×365日］
発酵槽等の電力自家消費分を控除し稼働率を算出
発電に伴う余剰熱を自牧場内で利活用</td></tr>
<tr><td colspan="2">家畜糞尿引取</td><td>収入なし</td><td>酪農家自家引取分</td></tr>
<tr><td colspan="2">消化液散布</td><td>収入なし</td><td>自家農場への散布中心
消化液処分先の見通しがあることが事業化の前提</td></tr>
<tr><td>計</td><td colspan="2"></td><td></td><td></td></tr>
<tr><td rowspan="3">支出</td><td>固定費</td><td>人件費</td><td>計上せず</td><td>酪農家自家労働で吸収
電気主任技術者を要選任</td></tr>
<tr><td>変動費</td><td>発酵・発電運転費用</td><td>総経費は収入にほぼ見合う</td><td>JAの実証化委託事業につき個別酪農家が負担する利用料は発酵・発電運転費用に加え減価償却費、租税等を含む
機器類の運用は個別酪農家で施設維持管理が可能</td></tr>
<tr><td colspan="2">その他</td><td>僅少</td><td>事務・雑費</td></tr>
<tr><td>計</td><td colspan="2"></td><td></td><td></td></tr>
<tr><td rowspan="3">収支</td><td colspan="2">償却前収支</td><td rowspan="2">収入計－支出計</td><td></td></tr>
<tr><td colspan="2">（▲減価償却費）</td><td>利用料に含まれる</td></tr>
<tr><td colspan="2">償却後収支</td><td>トントンないし若干の利益計上</td><td>資金繰りに問題はない</td></tr>
</table>

（注）論点を分かりやすくするため数値、要件等を単純化している（筆者作成）。

るとのことでした。

北海道電力への売電価格はＦＩＴ法により事業期間中39円／kWh（税抜）で固定されており、事業は安定しています。収入の中心である売電価格と売電先が安定していることは事業の計画上、長期的な見通しが可能となって大きなメリットでしょう。

設備全般の建設請負は㈱土谷特殊農機具製作所であり、わが国の畜産バイオガス発電事業をリードする2大設計施工業者(3)のひとつであって、実績のある業者が選定されています。また、機器のメンテナンス契約は酪農経営によって異なりますが、農家による施設維持管理はけっしてむずかしくないとのことでした。

（以上は、２０１４年7月24日に行ったＪＡ士幌町視察、および同年9月9日に行った同農協畜産部長の西田康一氏へのヒヤリングを中心に整理したものです。）

以下では、畜産バイオガス発電の事業化と諸課題について論点を整理します。なお、畜産バイオガス発電の事業／収支構造の理解を助けるため**表**に整理したので、参考にしてください。

4　畜産バイオガス発電の事業化と諸課題

酪農を初めとする畜産経営地帯においては、臭気による畜産公害対策に加えて、経営に圧力となっている糞尿処理対策としてその有効性が明らかになっている畜産バイオガス発電についての積極的な取組みが期待されています。

これまでの畜産バイオガス発電の事業化実績を踏まえると、今後、農協が本事業に取り組むうえでいくつかの課題や留意事項がみえてきます。

(1) メタン原料について

これまでの畜産バイオガス発電の事業化と設計施工業者の試行錯誤のなかで、メタン原料となる家畜糞尿については、メタン発生量に直結する有機物含有量だけでなく、メタン発酵槽における安定した撹拌による発酵を確保するうえで糞尿の水分含有量と形状、敷料の種類などが問題であることが明らかになっています。

とくに都府県では北海道と異なって、中小酪農経営が中心である場合には、複数の酪農、肉牛、養豚経営から供給される糞尿の形状、敷料の種類と割合等をもとに効率的安定的なメタン発酵のための原料投入方法について慎重な検討が事前に求められます。

すなわちメタン発酵槽の温度管理(日本では通常37℃の中温管理)とともに、原料の粘度(水分含有量)や敷料の裁断度が撹拌機やポンプに高い性能を要求するからです。

一例をあげます。愛媛県西予市のJAひがしうわが事業主体となって計画を進めている開拓酪農地における「大野ヶ原バイオガスプラント」(集中型50kW)です。参加農家14戸(うち酪農専業9戸、酪農+肉牛繁殖3戸、酪農+肉牛肥育2戸)の糞尿処理は、①敷料のない流下式で処理している8戸(経産牛207頭)と②オガ床の6戸(経産牛222頭)です。メタン原料の牛糞尿の量(1日当たり)は経産牛1頭当たりの糞尿排泄量が約50kg／日として、流下式10・35トン、オガ床11・1トンの合計21・45トンと見積もられます。そこで毎日の原料槽に投入される糞尿の有機物含有量と水分含有量・形状を安定させるには、飼養頭数と糞尿処理方法・有機物含有量の異なる14経営には原料槽にバキューム車（2トンまたは3トンバキューム車）ないしダンプカー（2トンまたは4トンダンプ）で持ち込み間隔を何日とするかを設定する必要がでてきます。参加農家の持込み糞尿は量だけでなく、有機物含有量分析が事前に実施されます。JAひがしうわは、14戸の牛糞尿を分析試料として収集し、JA全農えひめに分析を依頼して結果を得ています。

ところで、地域農業が野菜園芸や農産加工をもつ複合産地である場合には、野菜出荷調整時に出る野菜くず、農産加工廃棄物（果実搾汁かすなど）などの廃棄物処理のコスト負担に苦しんでいる地域が少なくありません。そのような地域ではこれらをメタン原料として受け入れることが廃棄物処理コストをいっきょに削減するだけでなく、同時にそれら廃棄物は有機物含有量が大きく、メタン発生量において家畜糞尿のそれを上回るので発電出力の引上げを可能とし、プラントの経済性を高めるうえで大いに効果的です。岩手県小岩井農場の「㈱バイオマスパワーしずくいし」がその典型例です。

畜産経営が分散・減少してしまった農業地帯をエリアとする農協でも、農産加工調整廃棄物を主原料にし、家畜糞尿を副原料とするバイオガス発電の事業化がありうることを強調しておきます。

(2) 戸別型プラントか、集中型プラントか

畜産バイオガスプラントには、酪農経営など畜産経営個々に設置される戸別型プラントか、複数の畜産経営の家畜糞尿をプラントに運搬する集中型プラントかの2方式があります。

このいずれを選択するかは、①バイオガスプラントの設置目的、②畜産経営の地理的集中ないし分散度、③畜産経営の飼養頭数規模などの諸要因があります。

たとえば、本章でみた北海道鹿追町「環境保全センター」のように、バイオマスタウン構想(2006年)のもとで市街地周辺の畜産糞尿の悪臭対策という環境改善が第一の目的であった場合、12戸の酪農経営(成牛合計550頭)の糞尿35・6トン/日を集中型バイオガスプラントで処理する方式が採用されました。生の糞尿が持ち込まれるバイオガスプラントでの臭気の発生は避けがたいので、市街地に近接した酪農経営に戸別にプラントを建設するわけにはいかず、市街地から距離のある場所に大型の集中型プラントが建設されたのです。

ただし、バイオガスプラントの第一の目的が畜産糞尿の悪臭対策であった場合でも、北海道のように酪農経営が市街地から距離があり、とくに飼養牛頭数が150頭を超える大型経営(糞尿処理量8トン/日~)では戸別型の設置が経済性をもっています。

都府県でもメガファーム酪農・養豚法人経営では悪臭対策としての戸別型バイオガスプラントの設置を推進することが求められます。ただし、当該メガファームの廃業がありうるので、そのプラントは都市生ゴミや食品加工残渣等、都市廃棄物をメタン主原料とし、家畜糞尿を従とする自治体主導設置が適

切でしょう。

都府県の中小酪農経営に担われている酪農・肉牛産地では集中型プラントの設置が推進されるべきでしょう。

（3）消化液（液肥）の撒布農地をどう確保するか

都府県におけるバイオガスプラントの設置における最大のネックが、消化液（液肥）の撒布農地をどう確保するかという問題です。まずは消化液量を減らす方法があります。消化液の固液分離であって、固体部分は再生敷料としての再利用が有効だとされます。

都府県でも戦後開拓地における酪農については、消化液の撒布用地として牧草地やデントコーンなど飼料栽培畑が利用できるので、開拓酪農地を抱える農協ではプラント建設に積極的に取り組むべきです。牧草・飼料栽培畑に恵まれない畜産産地では、水田を含む新たな耕畜連携構想のもとに飼料と液肥・堆肥の地域循環をめざすべきでしょう。

輸入飼料の高騰が趨勢化するのに加えて、発効はしていませんが環太平洋経済連携協定（ＴＰＰ）が酪農や養豚経営者に将来の見通しを失わせ、全国で急激な離農を招いています。畜産経営の生産コスト引下げには、輸入飼料依存率の引下げ・自給飼料率の引上げを本格化させる以外にありません。ところが、戸別畜産経営まかせでは自給飼料率の引上げは進みません。それを突破するには、農協にはこれまで推進してきた糞尿堆肥化にとどまらず、畜産バイオガス発電による消化液（液肥）の還元、それも牧草地や飼料栽培畑地に限定せず、飼料米・ホールクロップサイレージ稲を栽培する水田をも取り込んだ新たな耕畜連携を展開することで、地域農業が畜産飼料域内自給率の向上をめざすことが期待されているのです。

すなわち、個別畜産経営の糞尿処理対策にとどまらず、複数畜産経営と地域の耕種農業者との飼料（デントコーン、牧草、飼料米など）と堆肥＋液肥による地域資源循環によって、高騰する輸入飼料依存を減らし、地域農業レベルでの耕畜連携による飼料地域自給体制の構築がめざされるべきです。消化液（液肥）撒布は、牛生糞撒布に比べて糞尿処理で大幅な労働軽減と悪臭公害対策で効果的であることが明らかになっています。加えて、消化液は、メタン発酵過程で病原菌・寄生虫の不活性化、雑草種子の減少が顕著です。さらに硝酸態窒素問題でも効果的であって、水田施用も十分に可能です。ちなみに、ＪＡ士幌町は、３プラント３か年平均での消化液は、水分94・7％・乾物５・３％、灰分１・２５％、全窒素（Ｎ）０・39％、NH_4-N ０・24％、リン酸（P_2O_2）０・15％、カリ（K_2O）０・37％、苦土（MgO）０・08％、石灰（CaO）０・17％。pH７・８であったというデータを公開しています。

太陽光発電とは異なって、「再生可能エネルギー特別措置法（ＦＩＴ法）」による畜産バイオガス発電による買電価格は39円／kWhで維持されています。農協が主体になって取り組むバイオガス発電は収益事業であることを今一度強調しておきます。

注

（1）戸別型プラントは個別型プラントの呼称もありますが、ここでは牧場単位での設置形態に着目し、戸別型プラントの用語を使用することとしました。

（2）この施設は２００７年10月稼働し２０１２年７月のＦＩＴ法施行に伴いＲＰＳ法より移行したことからＲＰＳ法の適用期間を差し引いて対象期間が14年となったものです。ＦＩＴ法の新規適用の場合は対象期間20年です。

（3）わが国の畜産バイオマス発電業をリードする２大設計施工業者は以下の２社です。

①　CORNES & COMPANY LIMITED

わが国における畜産バイオガス発電事業のパイオニアであるコーンズ・アンド・カンパニー・リミテッド（ここではコーンズ社という）は、イギリス人が横浜開港後の１８６１年（文久元年）に創業した外資系会社であって、本社は香港に置かれています。

②　㈱土谷特殊農機具製作所

本社を帯広市に置くこの会社は、昭和８年の開業であって、酪農家のニーズに応える製品とサービスを提供してきました。ミルキングパーラー、尿処理システム、畜産管理システムは北海道内の大規模酪農家に多くの導入実績があります。近年では畜産バイオガス発電プラントや自然冷熱エネルギー利用のアイスシェルターも開発・提供しています。平成25年度の一般社団法人新エネルギー財団主催「新エネ大賞」において、「家畜糞尿を利用したバイオガス発電プラント」が新エネルギー財団会長賞を受賞しました。

（4）ＪＡ士幌町では２００４年に「バイオガスプラント実証試験」の取組み（第１世代）を始め、当該成果を踏まえて２０１２年から農協主導で本格展開を図り、戸別型プラント４基を稼働（第２世代）させています。第２世代型プラントは施設の稼働状況、事業・収支面も含め安定的に推移しており、ＦＩＴ法の適用を受けていることから、調査対象事例として適していると判断し採用したものです。

（村田　武・河原林　孝由基）

※本稿は協同組合研究誌『にじ』２０１５年夏号№６５０に掲載された河原林孝由基・村田武「ＪＡが取り組める再生可能エネルギー―畜産バイオマス発電の実態と事業化をめぐる諸課題―」の一部を修正したものである。

コラム１

畜産バイオガス発電の副産物を敷料として再生・再利用――北海道江別市・小林牧場

近時、畜産バイオガス発電の副産物を敷料（注：牛舎で飼養する牛の寝床に敷くもので、稲わら、麦稈、おが粉、もみ殻などを利用する。敷料を敷くことで硬い床による牛体の損傷を防ぐ）として再生・再利用する技術（以下、再生敷料）が注目されており、いち早くその仕組みを確立した㈲小林牧場の実践事例を紹介します。

㈲小林牧場は北海道江別市に位置し、搾乳牛頭数３００頭規模、牧草地・飼料畑１８５haを有する大規模酪農経営体です。当牧場では、飼養頭数の増加によるフリーストール牛舎（放し飼い牛舎）の建設に際し、再生敷料の仕組みを組み込んだバイオガスプラントを計画し２０１１年に稼働させました。プラントは、コーンズ社の全面的な協力のもと設計・施工を行い、再生敷料については同牧場専務の米国での視察経験に基づき、コーンズ社が具体的な設計を行っています。

写真１　再生敷料の生産建屋、建屋二階に固液分離機を設置、再生敷料は一階に落下。
（出所）写真はいずれも筆者撮影。

近年、敷料は木質系原料（おが粉など）の性能が評価され利用が増えている一方で、おが粉に適した木材は木質バイオマス発電向けの需要が大きいことも相まって価格は高騰しています。酪農経営における費目別生産費（「畜産物生産費」農林水産省統計）をみても、05年～14年の10年間で敷料費の上昇率はトップ（53％）で、とくに09年以降に急上昇しています。敷料費の価格高騰は経営を圧迫する要因のひとつとなっていますが、同牧場では繰り返し利用する再生敷料を使用することで新規購入を不要とし敷料費を抜本的に削減しています。

再生敷料生産の仕組みとしては、フリーストール牛舎から排出されるスラリー状の糞尿（敷料混じり）をメタン発酵槽で発酵させた後、消化液を建屋（**写真１**）の二階に設置した固液分離機（**写真２**）に送り込みます。固形物は押し出され一階に落下（**写真３**）し、液分はパイプを通して屋外の貯留槽に送られます。落下した固形物はホイールローダーで堆肥舎に移動（**写真４**）させ、そこで乾燥と好気性発酵が進み再生敷料として完成します。

固液分離機の運転は自動化されており、作業時間は1時間程度です。大掛かりな機械装置ではありませんが、プラント

写真２　固液分離機、固形物（再生敷料）は押し出され一階に落下、液分はパイプを通して屋外の消化液貯留槽へ

写真３　固形物（再生敷料）が落下

設計時に固液分離の仕組みを組み込んでおくことが望ましく、追加設置はプラント全体の構成変更となり相応の費用がかさむことに留意が必要です。

同牧場が位置する江別市は札幌市に隣接し都市化が進んでおり、住宅や学校が接近しているため、家畜糞尿処理ではいっそうの臭気対策が求められます。バイオガスプラントでは嫌気性発酵/密閉処理を行うことで臭気の問題を解決しており、これもプラント導入を決めた大きな要因となっています。「バイオマスエネルギーは街と共存するための選択肢」でもあると語られていました。

再生敷料は、近年酪農経営を圧迫している生産資材価格の高騰に対し、敷料費を抜本的に削減する解決策となる画期的な技術といえます。このような直接的な収益効果に加え、メタン発酵過程で消化液内の病原菌・寄生虫の不活性化が顕著であることから、牧場外からの購入敷料由来の病原性微生物の侵入を防止できるといった効用も期待できます。何より、敷料として繰り返し利用するという資源循環の意義は大きいといえます。

写真4　固形物（再生敷料）をホイールローダーで堆肥舎へ移動

（河原林　孝由基）

※本稿は『農中総研　調査と情報』2016年11月号（第57号）に掲載された河原林孝由基「酪農経営を下支えする畜産バイオマス発電と再生敷料―北海道江別市・㈲小林牧場の取組み―」の一部を修正したものである。

コラム2
耕畜連携による液肥利用と高付加価値化――千葉県いすみ市・高秀牧場

1　大量に生成される消化液（液肥）

家畜糞尿の処理、とくに酪農経営でフリーストール牛舎から排出されるスラリー状の糞尿を発酵処理により処分する場合、発酵済み残渣である消化液が大量に生成されます。搾乳牛300頭規模のモデル例(1)では1日当たり牛糞尿（敷料混じり・排水を含む）は29トン排出され、消化液（搾液）は26・8㎥生成されます。年間での消化液生成量は1万㎥近くにもなります。

消化液は液肥として有機肥料になりますが、前述例では散布する農地（牧草地・飼料畑）が200ha程度必要となり、散布農地をいかに確保するかが問題となります。散布農地がない場合には河川に放流あるいは下水道に排出する処理方法もありますが、それには浄化処理設備の導入が求められ負担が大きいといえます。北海道の事例では酪農家自らの牧草地・飼料畑や近隣の畑作農家に散布していますが、都府県では畑作面積は限られており消化液の受皿としては十分ではありません。

このことが家畜糞尿等を発酵処理するバイオガスプラントの設置、また、その処理過程で生成されるバイオガス（メタンが主成分）をエネルギー源とする畜産バイオガス発電（メタン発酵ガス化バイオマス発電）の普及へのネックとなっています。

　そこで、消化液の水田への散布が可能となれば問題解決につながると考え、耕畜連携のもと実際に水田に散布し、ブランド米として高値販売している㈲高秀牧場を中心とした取組みを紹介します。

2　酪農家の取組み――㈲高秀牧場を中心に

　㈲高秀牧場の位置する千葉県いすみ市は房総半島東部にある穏やかな丘陵地帯で古くから酪農が盛んな地域であり、農業は水田稲作が中心です。

　当牧場は乳牛飼養頭数150頭、イネWCS（飼料用稲サイレージ）や野菜（食用菜の花等）を栽培する大規模農家であり、千葉県北部酪農農業協同組合（主要ブランド〝八千代牛乳〟）に所属し生乳を出荷しています。近隣には当牧場を含め5経営体があり地域全体での乳牛頭数は500頭規模になります。

　各酪農家で乳牛の糞は堆肥に、尿は液肥にすることで処理をしています。この取組みは、1996年に当牧場が最初に臭気対策として始めました。仕組みは、牛舎内の糞尿溝に排泄された糞尿をベルトコンベアで搬出、その際に糞と尿が分離され、糞は堆肥発酵施設で堆肥化、尿はラグーン（露地池）に貯留します。ラグーンではエアレーション（空気を送ること）を行い好気性発酵[2]により、1年を通じて液肥を生成しています。ラグーンは露天でありますが、ほとんど臭気は感じませんでした。

　液肥の成分構成は大部分は水であり、肥料成分としてはカリウム、窒素、リン酸の順に多く含まれています。また、当牧場ではBM（バクテリア・ミネラル）を使用した農法を採用しており、飼料にBMを混ぜ、それを食べた乳牛の糞尿を堆肥・液肥にすることで肥料のなかにもBMが存在し、それが土作り、土壌の活性化につながるとのことです。現在、液肥は稲作農家に散布作業込みで有料で販売しています。

3　稲作農家の取組み

稲作農家での液肥の使用はBMによるものを含め土壌の活性化を期待して取組みを始めました。水田稲作の元肥の一部として液肥を使用し、減農薬・減化学肥料栽培を実現しています。これにより米の食味が良くなったと高評です。千葉県では自然環境への負荷を軽減し持続可能な農業を推進するため、農薬と化学肥料（化学肥料由来の窒素成分量）を通常栽培の2分の1以下に減らした農産物を「ちばエコ農産物」として認証しており、生産者グループで認証を受けています。

液肥は元肥として使用し、用水と一緒に流し込むことで、濃度が均一になるとのことです。散布に際しては農家より当牧場が指示を受け、牧場保有のバキューム車で液肥を運搬し取水口で用水と一緒に流し込みます。

追肥（穂肥）での使用は、液肥は堆肥と違い植物による吸収が速く、窒素過多による稲の倒伏を招く危険があり、当地では使用はしていません。仮に追肥で使用する場合は用水と一緒に液肥を流し込むことができないため、散布には技術的な工夫が

写真　3トン バキューム車による液肥の水田への散布風景
（出所）写真は筆者撮影。

必要となります。

4　耕畜連携は仕組みづくりから

稲作農家が液肥利用に至った最大の要因は、液肥を使用し栽培した米が高く売れるよう当牧場と稲作農家とでその仕組みを作ってきたことに収斂します。

それまで稲作農家では農薬や化学肥料の多用により昔に比べ米の食味が劣るようになったと感じていました。そこで当牧場から稲作農家に対し、液肥を使用した減農薬・減化学肥料米の栽培とブランド化を提案し協議を重ねました。

液肥に含まれるＢＭの効用もあるとのことですが、液肥を使用することで水稲の根の張りが良くなり食味が改善したとのことです。これに加え、環境にやさしい循環型農業を前面に、米卸業者と協議し「万喜米」の名称でブランドを開発しました。１俵（60㎏）当たり１８００円高い価格での買取りを実現し稲作農家の所得向上につながったことが水田での液肥利用に弾みをつけました。

従来より当地では酪農家と稲作農家との間に「壁」がなかったことも背景にあり、米卸業者との交渉では稲作農家だけでなく当牧場も参加して行うなど、稲作農家との連携強化に努めてきています。

このように水田への液肥利用の実現は、酪農家と稲作農家が協力して試行錯誤をしながら実証的にノウハウを積上げてきた結果であり、両者の連携が鍵といえます。とりわけ、牧場は液肥を生産するだけ（ハード面が中心、プロダクトアウト）でなく、液肥を利用することで稲作農家の利益や効用（販売価格の向上、食味の改善）につながる取組み（ソフト面も重視、マーケットイン）を行っていることがポイントです。それには、トップの経営感覚や社会貢献意識等によるところも大きいといえます。耕畜連携は関係づくり、仕組みづくりであることを改めて実感した次第です。

注

（1）CORNES & COMPANY LIMITED（コーンズ社）提供資料を参考に筆者推計。

（2）当牧場で生成される液肥は畜産バイオガス発電（嫌気発酵）の消化液によるものではないが、参考文献『メタン発酵消化液の液肥利用マニュアル』（岩下幸司・岩田将英著、地域環境資源センター）から成分構成等に大差はないとの理解に基づく。

（河原林　孝由基）

※本稿は『農中総研　調査と情報』２０１７年5月号（第60号）に掲載された河原林孝由基「耕畜連携による液肥利用と高付加価値化―千葉県いすみ市・㈲高秀牧場の取組みを中心に―」の一部を修正したものである。

コラム3

農協が「電力の地産地消」をリード——JA士幌町のエネルギー地域循環型農業の実践

バイオガス発電1100kW

ＪＡ士幌町では昨年4月の電力小売全面自由化を機として、地域で発電した電気を地域で消費する「電力の地産地消」に取り組んでいます。管内の酪農家がバイオガスプラントで発電した電気を、ＪＡ関連会社が小売電気事業者となって買取りを行い、ＪＡの各種施設に供給するものです（図）。

士幌町は北海道東部・十勝地方に位置する道内有数の農業地帯で、「地域循環型農業」と「農村ユートピア」構想を二大スローガンに掲げ、農業者・農村の暮らしを豊かにするさまざまな取組みを実践してきた歴史があります。畑作（馬鈴薯・甜菜・小麦・豆類）と畜産（酪農・肉牛）を主体に、それらが有機的に結びついた農業を展開しており、早くからＪＡで加工・流通施設を建設・整備し、6次化産業化の先駆けともなっています。

バイオガスプラントは酪農家での飼養頭数増による家畜糞尿処理負担を軽減し、農村環境の維持・向上に資すべく、ＪＡが主導して順次導入してきました。プラントでは家畜糞尿等を嫌気発酵処理する際、その過程で生成されるバイオガス（メタンが主成分）をエネルギー源とした発電も行っています。

発電施設として、これまで管内で稼働しているバイオガスプラントは11基、出力合計は1100kWになっています。現在、そのうちの9基（酪農家8経営体）から電気を調達し、JA関連会社を通じて、JAの本部事務所、Aコープ店舗、麦乾施設、食肉処理施設など20施設に供給しています。

「電力の地産地消」実現への壁

JA士幌町は、電力小売全面自由化に先立って、購買部門を担う関連会社㈱エーコープサービスを小売電気事業者に登録しました。購買部門ではLPガスをはじめ燃料事業を幅広く手掛

図　JA士幌町「電力の地産地消」スキーム

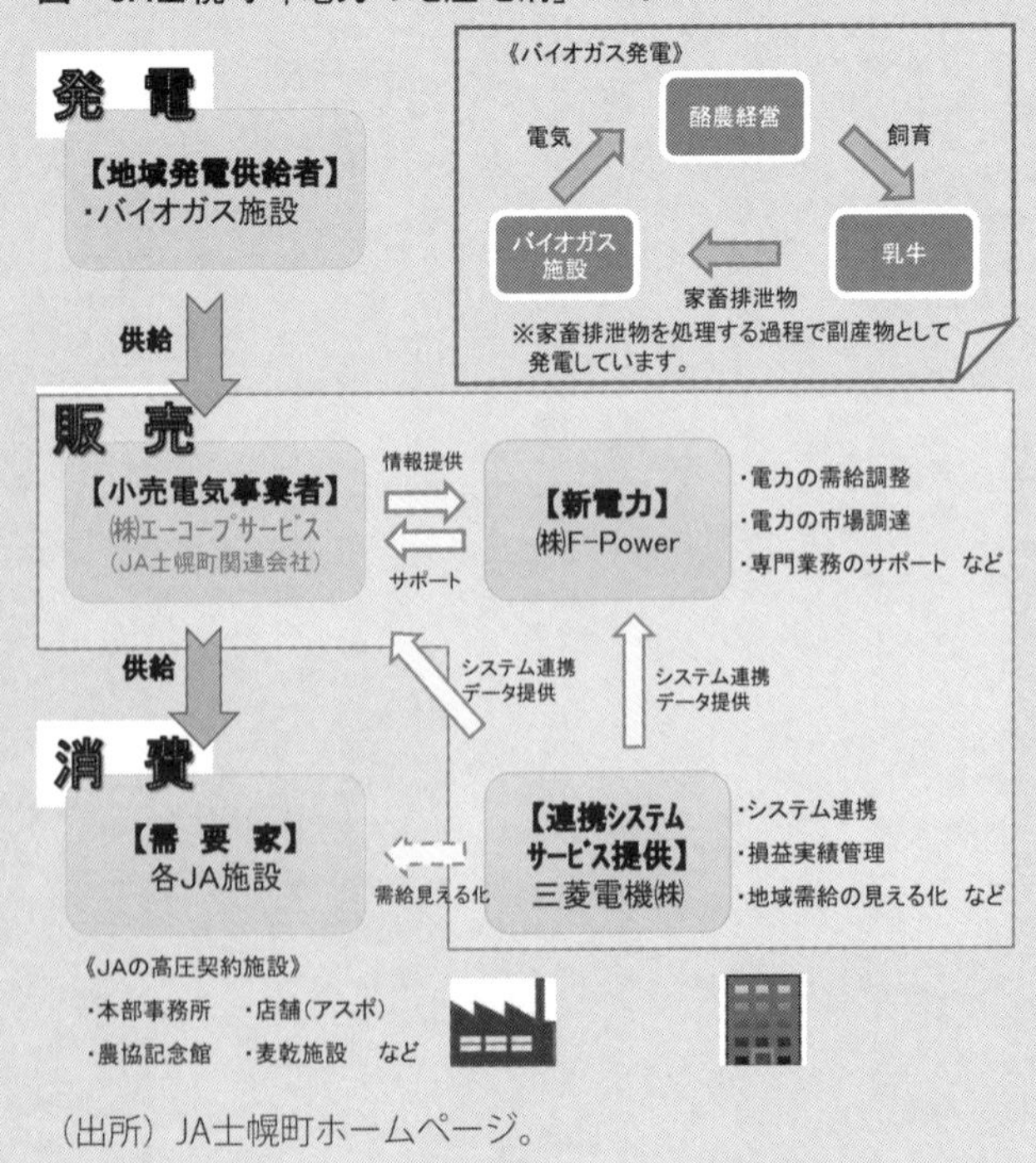

（出所）JA士幌町ホームページ。

けており、電気も含めた総合エネルギー事業へと発展させていきたいという期待もあります。

電力小売全面自由化により「電力の地産地消」が可能となりましたが、その実現は容易ではありません。小売電気事業者（株）エーコープサービス）は、電力の需要と供給を計画と常に一致させる「同時同量」の義務を負います。これを「地産地消」という限られた地域内だけで実現することは相当に難しいことです。計画外に電力の需要量が供給量を上回れば、市場からの調達では不足分を高額で購入することになり、逆に供給量が需要量を超えれば余剰分はただ同然で売却することになります。電力の需要と供給は30分単位で同量にしなければならず、この需給バランスの調整が事業化への大きな壁となります。

ＪＡでは、この「同時同量」の調整を大手新電力会社（株）F-Power）に委託することで可能にしました。委託先では、他の複数の小売電気事業者と一つのグループを形成して、全体で「同時同量」になるように需給調整します。これを「代表契約者制度（バランシンググループ）」といい、複数の小売電気事業者間で代表契約者を選び、一般電気事業者（北海道電力など）と託送供給契約を締結する仕組みです。今回の事例では㈱エーコープサービスが㈱F-Powerを代表者とするバランシンググループの一員になることで、「同時同量」の一端を担いつつ、安定供給を実現しています。

ＪＡで電気を安定的に取り扱うことが可能になったことで、料金面でも電気を供給する酪農家、消費するＪＡの双方にプラスとなる価格設定となっています。ＪＡの各種施設では電力需要に変動はあるものの、おしなべて地域で発電した電気で自給ができています。

「電力の地産地消」がもたらすもの

地方の多くは民間の「域際収支」、すなわち〈商品・サービスの域外への売却額－域外からの購入額〉が赤字であり、その赤字分を公的な支出で賄っているのが実状です。地域の自然資源を利用し地域で発電・消費することは、外部からの電力購入による地域所得の域外流出を防ぎ、それら所得が域内で消費や再投資されれば、さらなる経済効果が生まれます。地域内での経済循環が進めば、地域経済の自立性が高まります。「電力の地産地消」を進めることは地域経済の活性化につながり、その自給自足は地域の自立につながるのです。

地方が大都市圏に対して比較優位であるのは自然資源です。このような比較優位な資源を最大限活用することで大都市圏との格差を縮小することができます。士幌町ではエネルギーも含めた「地域循環型農業」の実践へと大きく踏み出したのです。

そこでは、ＪＡが地域の中心となって、「電力の地産地消」のスキームを構築しリードしています。それはこの地域で先人がめざしてきた「地域循環型農業」と「農村ユートピア」の理想が、今でもＪＡを中心にしっかりと根づいていることを意味します。

（河原林　孝由基）

第2章　農協が取り組める営農型太陽光発電（ソーラーシェアリング）

はじめに

わが国では、ここ数年の間に自然エネルギーの導入が加速度的に拡大し、特に太陽光発電の普及が著しく、これにドライブをかけたのが固定価格買い取り制度（フィードインタリフ制度：Feed-in Tariff、以下、ＦＩＴ制度）です。この制度は、２０１１年8月の「電気事業者による自然エネルギーエネルギー電気の調達に関する特別措置法（再生可能エネルギー特別措置法）」に基づきますが、12年7月からは、太陽光のみならず風力や地熱発電等の自然エネルギー全般を対象としたＦＩＴ制度がスタートし、併せて太陽光については発電事業用を含む全てのシステムが対象となりました(1)。

自然エネルギー推進の課題は、電力システム改革と直接的に関係します。電力システム改革は、現在、3段階で進められています。第1段階は地域間の電力融通で、地域をまたぐ送電網を整備する組織として「電力広域的運営推進機関」(2)が15年4月に設立されました。第2段階が16年4月から実施された電力小売の全面自由化で、これによって一般家庭用や小規模な事業者用など小口利用（契約電力50㎾h未満）で参入規制がなくなりました。第3段階が発電と送電の法的分離（以下、発送電分離）で、電力の安定供給のためのルールやシステムを整備するための準備期間を確保する必要性等から、政府は20年4

月の法律施行をめざしています。

ＦＩＴ制度は、コスト的に不利な自然エネルギー発電の普及を図るために、電力会社（最終的には使用電力に比例した賦課金という形で消費者が負担）に自然エネルギーの固定価格での買い取りを強制します。しかしながら、電力小売の完全自由化と発送電分離が進めば価格は完全に自由化されるため、ＦＩＴ制度の継続とコスト削減が将来的に課題となります(3)。また、接続については、送電線の拡充や大量の自然エネルギー導入による高度な需給調整の実施など、これまでにない課題が顕在化しつつあります。さらに、太陽光発電を含めて土地利用との関連から発電装置の設置場所についても問題が生じます。

ここでは、電力システム改革とこれに伴う電力自由化移行に際し、現在、急速に拡大している太陽光発電に係る土地利用とりわけ農山漁村の土地に着目するとともに、農業との兼営すなわち「営農型発電」（ソーラーシェアリング）について、具体的な実践事例を踏まえ、その可能性と課題を検討します。

1　農山漁村における自然エネルギー発電導入・促進の背景

まず、「農林漁業の健全な発展と調和のとれた再生可能エネルギー電気の発電の促進に関する法律」（以下、農山漁村再生可能エネルギー法）が成立し、農山漁村域で本格的に自然エネルギー発電を導入し促進するに至る経緯はつぎの通りです。
表1の経緯にあるように、民主党政権下の10年11月に「食と農林漁業の再生推進本部」が官邸に設置

され、第1回会合が持たれました(4)。そこでは総理大臣を本部長とする決定機関の本部と、その諮問機関（食と農林漁業の再生実現会議、以下、再生実現会議）および監事会の各々のメンバーと運営等が確認されました。そのスケジュールによると、11年6月に基本方針が、11月には行動計画の策定が予定されていました。しかし、諮問機関の再生実現会議が何回か開催されたものの、11年3月11日の東日本大震災の発生を受け、そこでの検討内容やスケジュールが一変します。11年6月の再生実現会議では「東日本大震災後の農林水産業の状況と復旧・復興対策」が議題となり、配布された資料で「農山漁村におけるエネルギー自立型システムのイメージ」が提起されました。

そして同年10月に再生推進本部が「我が国の食と農林漁業の再生のための基本方針・行動計画」を決定し、「農林漁業再生のための7つの

表1　電力システム改革や自然エネルギー関連のこれまでの経緯

2011（平成23）年3月	3月11日　東日本大震災発生
6月	第4回「食と農林漁業の再生実現会議」（＊第1回：2010（平成22）年11月）
8月	「電気事業者による再生可能エネルギー電気の調達に関する特別措置法（再生可能エネルギー特別措置法）」成立
10月	「我が国の食と農林漁業の再生のための基本方針・行動計画」（食と農林漁業の再生推進本部決定）
12月	「日本再生の基本戦略」（閣議決定）
2012（平成24）年7月	「再生可能エネルギーの固定価格買い取り制度」スタート
2013（平成25）年4月	「電力システム改革に関する改革方針」（閣議決定）
11月	・「電気事業法の一部を改正する法律」（第1次改正）成立 ・「農林漁業の健全な発展と調和のとれた再生可能エネルギー電気の発電の促進に関する法律（農山漁村再生可能エネルギー法）」成立
2014（平成26）年6月	「電気事業法等の一部を改正する法律」（第2次改正）成立
2015（平成27）年2月	「電気事業者による再生可能エネルギー電気の調達に関する特別措置法（再生可能エネルギー特別措置法）施行規則の一部を改正する省令と関連告示」施行）
6月	「電気事業法等の一部を改正する等の法律」（第3次改正）成立

（出所）筆者作成。

戦略」が提起されました。その中の3番目の戦略として「エネルギー生産への農山漁村の資源の活用を促進」をあげ、地域主導の自然エネルギー供給と農山漁村の活性化を一体的に進めるための制度を検討することとしました[5]。さらに、この7つの戦略に基づき、同年12月に閣議決定された「日本再生の基本戦略」において、農山漁村の資源を活用した自然エネルギー供給を促進するための法律制度の整備が促されました。前出の**表1**にみるように、この時期には同時並行して電力システム改革関連の法整備も進められ、併せて日本版ＦＩＴ制度もスタートしています[6]。以上のような経緯を踏まえ、農山漁村再生可能エネルギー法が法制化され農山漁村域で自然エネルギー発電が本格的に導入されることになったのです。

2　自然エネルギー発電と土地利用

農山漁村の資源を活用した自然エネルギー発電の導入・促進に当たっては、これと同時に、農業生産の基盤で限られた資源である農地の農業上の利用を確保するという側面も考慮されなければなりません。このため、例えば農地法では農地を農地以外のものにすることを規制すると同時に利用関係を調整します。**表2**にみるように、従来から農山漁村の土地利用については、農地法に限らず、森林法、海岸法等により規制されてきました。農山漁村に存在する土地をはじめとする水や風、熱、生物資源等を活用し、太陽光や小水力、風力、地熱、バイオマス等を用いる自然エネルギーを供給するには、こうした法律に基づいて諸規制機関に対し、予め許可の取得や届出といった義務が課されています。

表２　農山漁村再生可能エネルギー法において規定する手続

法律名	行為（条項）	手続	許可権者等
農地法	農地の転用（第４条第１項）	許可	都道府県知事 農林水産大臣
	農地又は採草放牧地の転用のための権利移動（第５条第１項）	許可	都道府県知事 農林水産大臣
酪農及び肉用牛生産の振興に関する法律	集約酪農地域の区域内の草地の形質変更（第９条）	届出（事前）	都道府県知事
森林法	地域森林計画の対象となっている民有林における開発行為（第10条の２第１項）	許可	都道府県知事
	保安林における立木の伐採（第34条第１項）	許可	都道府県知事
	保安林における土地の形質を変更する行為（第34条第２項）	許可	都道府県知事
漁港漁場整備法	漁港区域内の水域・公共空地における工作物の建設等（第39条第１項）	許可	市町村 都道府県
海岸法	海岸保全区域における施設又は工作物を設けての占用（第７条第１項）	許可	都道府県知事 市町村長等
	海岸保全区域における施設又は工作物の新設・改築等（第８条第１項）	許可	都道府県知事 市町村長等
自然公園法	特別地域内における工作物の新設・改築等（第20条第３項）	許可	都道府県知事 環境大臣
	普通地域内における工作物の新設・改築等（第33条第１項）	届出（事前）	都道府県知事 環境大臣
温泉法	温泉を湧出させる目的で土地を掘削すること（第３条第１項）	許可	都道府県知事
	温泉の湧出路の増掘、又は温泉の湧出量を増加させるための動力の装置（第11条第１項）	許可	都道府県知事

（※）海岸法については、農林水産省所管の漁港及び土地改良事業に係る海岸保全区域に限る。

（出所）農林水産省「今後の農山漁村における再生可能エネルギー導入のあり方に関する検討会」資料に注を加筆。
（注）農地法の農地転用許可について、その許可権限が2016（平成28）年４月から以下のように移譲される。
４ha超：農林水産大臣→国との協議（法定受託事務）を付し、都道府県知事
４ha以下～２ha超：国との協議（法定受託事務）を廃止し→都道府県知事
２ha以下：従前通り都道府県知事

以下では、太陽光発電に係る農地利用に焦点を絞り、①農地を農地以外の太陽光発電施設に転用する場合（非営農型）と、②農地に太陽光発電施設を設置し発電しながら営農を継続する場合（営農継続型）について検討します。

（1）太陽光発電施設に農地を転用（非営農型）

ア　農振法と農地法の規制

農地に関しては、「農業振興地域の整備に関する法律」（以下、農振法）と農地法によって規制されます。農地法に基づいて農地を農地以外に転用する場合、その前段として、当該農地が農振法の農業振興地域制度で知事が指定した「農業振興地域」か、指定から外れた「農業振興地域外」かを確認する必要があります。さらに、前者の農業振興地域であれば、それが「農用地区域」か「農振白地地域」かの区分を確認する必要があります。この2区分のうち、農業を振興するために市町村が定めた農用地利用計画において指定された農用地区域の農地につ

表３　農地転用許可制度の概要

農地の区分	営農条件、市街地化の状況	許可の方針
農用地区域内農地	市町村が定める農業振興地域整備計画において農用地区域とされた区域内の農地	原則不許可
甲種農地	第１種農地の条件を満たす農地であって、市街化調整区域内の土地改良事業等の対象となった農地（８年以内）等特に良好な営農条件を備えている農地	原則不許可
第１種農地	10ha 以上の規模の一団の農地、土地改良事業等の対象となった農地等、良好な営農条件を備えている農地	原則不許可
第２種農地	鉄道の駅が 500m 以内にある等、市街地化が見込まれる農地又は生産性の低い小集団の農地	周辺の他の土地に立地することができない場合等は許可
第３種農地	鉄道の駅が300m以内にある等の市街地の区域又は市街地化の傾向が著しい区域にある農地	原則許可

（出典）農水省 HP「農地転用許可制度」

いては転用が基本的に認められていません[7]。もう一方の、農用地区域以外の農振白地地域の農地と農業振興地域外の農地については、農地法に基づきつぎの5種の区分のもとで転用の可否が許可権者により判断されます（**表3**）。

基本的に農地転用許可制度は、優良農地の確保と計画的土地利用の推進を図ることを目的としている点に留意する必要があります。そして、農地の区分に関わらず農地法の農地転用許可については、16年4月から許可権限は、①4ha超：国との協議（法定受託事務）を付し都道府県知事、②4ha以下：都道府県知事、となっています[8]。

イ　農山漁村再生可能エネルギー法がめざす太陽光発電のかたち

農山漁村再生可能エネルギー法がめざすのは、エネルギー供給源の多様化に資するという大目的の下に、農山漁村における農林漁業の発展と自然エネルギー発電の促進です。このための特例措置も講じられますが、忘れてならないのは本来の農林漁業と新たな発電との「調和」が前提になっていることです。具体的には、農林漁業に必要な農林地や漁港（その周辺の水域）の確保と自然エネルギー発電を両立させるため、地域の関係者相互の密接な連携の下での適正な調整が求められており、このため市町村、発電事業者、農業者等の関係者で構成する協議会を設置し、その協議を踏まえ市町村が基本計画を作成します。基本計画に定める自然エネルギー発電設備の立地区域については、優良農地の確保に支障を生じないよう「再生利用が困難な荒廃農地等」への設定を誘導します[9]。そして、基本計画に基づき自然エネルギー発電のための「設備整備計画」が国・都道府県の同意のもとに「認定」を受けた後に、これに係る「特例措置」(10)が準備されている、という仕組みになっています。

この法律の対象は自然エネルギー発電全般でありますが、太陽光発電に関しても、既に各方面で上記のスキームに同調した議論が展開されています(11)。しかし、これまで長年にわたって試みられてきた水田転作の団地化や農地の交換分合など農業現場の実情からすると、耕作放棄地の集約化を一つとっても決して容易ではありません。現に、34府県と各種法人で組織する自然エネルギー協議会の提言書の中には「行政が主体となって

表4　太陽光発電のための農地転用の件数と面積（1）

地域		転用件数	面積（ha）	1件平均（a）
北海道		38	53	139.5
東北	青森	57	17	29.8
	岩手	113	39	34.5
	宮城	442	124	28.1
	秋田	24	8	33.3
	山形	51	10	19.6
	福島	259	68	26.3
	（小計）	984	319	32.4
関東・東山	茨城	1,232	332	26.9
	栃木	600	154	25.7
	群馬	1285	250	19.5
	埼玉	692	101	14.6
	千葉	1202	263	21.9
	東京	5	0.4	8.0
	神奈川	57	10	17.5
	山梨	712	102	14.3
	長野	1,160	168	14.5
	（小計）	6,945	1,380	19.9
北陸	新潟	39	34	87.2
	富山	29	4	13.8
	石川	42	13	31.0
	福井	50	4	8.0
	（小計）	160	55	34.4
東海	岐阜	813	97	11.9
	静岡	806	98	12.2
	愛知	980	128	13.1
	三重	923	148	16.0
	（小計）	3,522	471	13.4

＊期間は2012年7月から15年5月。群馬、島根、山口は12年7月から15年3月。

（出所）日本農業新聞（2015年7月2日）

（注）出所記事に掲載された表データから複製し、さらに筆者が分析を加えた。

協議会を立ち上げ検討をするとの建付けとなっているため、事業者が主体となって進めることが難しく、当法律を活用しての発電所に至ったケースが無い」(12)といった意見も散見されます。

ウ　農地転用による太陽光発電の現状

上記のような転用許可制度の下で、国内でこれまでの太陽光発電のために転用された農地の現状については、**表4**の通りです。日本農業新聞の調べによると、47都道府県の全てで農地が太陽光発電に転用されています。全国ベースでみると面積が4121ha、件数が2万1306件、1件当たり19・

表4　太陽光発電のための農地転用の件数と面積（2）

地域		転用件数	面積（ha）	1件平均（a）
近畿	滋賀	158	30	19.0
	京都	128	16	12.5
	大阪	70	8	11.4
	兵庫	587	69	11.8
	奈良	205	34	16.6
	和歌山	333	33	9.9
	（小計）	1,481	190	12.8
中国	鳥取	65	17	26.2
	島根	78	18	23.1
	岡山	322	36	11.2
	広島	998	122	12.2
	山口	415	54	13.0
	（小計）	1,878	247	13.2
四国	徳島	621	100	16.1
	香川	466	53	11.4
	愛媛	375	54	14.4
	高知	134	24	17.9
	（小計）	1,596	231	14.5
九州・沖縄	福岡	455	126	27.7
	佐賀	368	75	20.4
	長崎	439	73	16.6
	熊本	825	209	25.3
	大分	462	147	31.8
	宮崎	727	201	27.6
	鹿児島	1266	376	29.7
	沖縄	198	20	10.1
	（小計）	4,740	1,227	25.9
合計		21,306	4,121	19.3

＊表4（1）に同じ。

3a（約2反）の転用です。平均ではありますが1件当たりの転用面積が広いのは、北海道、北陸、東北、九州・沖縄地域です。府県別で全国平均を超えているのは、東北6県を含む20県で、そのうち新潟（87・2a）、岩手（34・5a）、秋田（33・3a）、大分（31・8a）、石川（31・0a）、青森（29・8a）、鹿児島（29・7a）が1件当たりの転用面積が広くなっています。なお、大半の都道府県が、日本農業新聞の問い合わせに対し、FIT制度導入前の農地転用は「実績なし」「ほとんどない」と答えていることから、冒頭で述べたように太陽光発電の普及にFIT制度が著しく影響していることが判ります(13)。

ただ、前述した農山漁村再生可能エネルギー法に基づき認定された設備整備計画であれば、第1種農地の荒廃農地も転用できることになっていますが、同紙が農水省に問い合わせたところでは、この記事の掲載の時点では5自治体が同法による農地転用を予定している程度です。

(2) 営農を継続しながら太陽光発電も兼営する農地の一時転用（営農継続型）

ここでは農業との兼営すなわち営農を継続しながら太陽光発電で売電をする「営農型発電」（ソーラーシェアリング）に係る農地の一時転用について検討します。

農地等に支柱を立てて営農を継続するタイプの太陽光発電設備が技術開発され実用段階となったことを踏まえ、農林水産省が13年3月に「農地転用許可制度上の取扱い」(14)についての通知を発出しました。その趣旨は、支柱が立脚する下部が農地であり当該農地での農業生産の継続が確保される必要があり、また周辺の営農に影響を与えないよう規制する必要があるため、太陽光発電設備の支柱部分について農地法上の一時転用許可の要件を規定するというものです。

この通知が規定した主要な規制はつぎの３点です。

・支柱の基礎部分について、一時転用許可の対象とする。一時転用許可期間は３年間（問題がない場合には再許可可能）とする。

・一時転用許可に当たり、周辺の営農上支障がないか等をチェックする。

・一時転用の許可の条件として年に１回の報告を義務付け、農産物生産等に支障が生じていないかをチェックする。

というものです。ただし、この一時転用規制の運用には、さらにつぎのような詳細な規制事項があります。

・支柱は簡易な構造で容易に撤去できるもので、申請に係る面積が必要最小限で適正と認められること。

・下部の農地における営農の適切な継続が確実で、パネルの角度、高さ、間隔等からみて農作物の育成に適した日照量や機械等を効率的に利用するための空間が確保されていると認められること。

・下部農地において生産された農作物の状況（収量等）を年１回報告する場合、報告内容が適切であるかについて必要な「知見を有する者の確認」を受けること。

そして、一時転用の許可後に、「営農が行なわれていない場合」や農地の「単収が同じ年の地域の平均的な単収と比較して２割以上減少」している場合等には、施設設置者に必要な改善措置を講ずるよう指導する、ないしは営農型発電施設を撤去するよう指導を行なうとしています。

この支柱を立てて営農を継続する太陽光発電設備等についての農地転用許可で難しいと思われるのは、農作物の状況（収量等）を年1回報告するに際して知見を有する者の確認が必要なことと、同地域の平均的な単収に比して2割以上減少しているかどうかを見極めることでしょう。

この営農を継続し太陽光発電をする「営農型発電」（ソーラーシェアリング）については、既にこれに取り組んでいる実践事例を次の3で紹介し、その中でこれらの諸規制に対する対応や工夫を詳述することにします。

（3） 耕作放棄地や法面を活用した太陽光発電

これまでみてきた農地とはやや観点が異なりますが、耕作放棄地や法面（のりめん）で発電しようとする場合はどうでしょうか。

自然エネルギー発電設備を設置する場合、「耕作放棄地等」[15]であろうとも当該農地が農地（第2種・第3種）に該当するならば、前述の通り農地法の転用許可を受ける必要があります。しかし、当該農地が耕作放棄地で農業委員会が農地に該当しないと判断した土地であれば、農地法上の転用許可は不要です。ただ、当該土地が農振法上の農用地区域内に存在する場合は、農振地整備計画を変更し、農用地区域から予め除外しておく必要があります[16]。

農地の法面または畦畔（以下、法面等）に太陽光発電設備を設置する場合はどうでしょうか。農地法上、法面等は作付田面または畑面（以下、本地）の機能の維持および管理に必要であり、これらを「本地と一体的に農地として取り扱っている」ため、やはり農地転用許可が必要となります。また、当該法面等を一時的に利用に供する場合であっても一時転用の許可が必要となります[17]。

最近では、防草と発電を兼ねて畦畔にシート状の太陽電池フィルムを設置する「防草発電シート」といったものまで開発されてきています[18]。これも発電設備がシート状であろうと架台装着であろうと、法面等においては上記の農地法規制が適用となります。

3　営農型発電（ソーラーシェアリング）の実践事例

(1)（一社）奈良県太陽光発電普及促進協会の取組み

実践事例として、営農発電の導入・普及面でコーディネーターの役割を担うとともに、関西地区でのパイオニア的存在である（一社）奈良県太陽光発電普及促進協会（以下、当協会という）における取組みを紹介します。

奈良県は大阪府に隣接しベッドタウンとして都市化が進んでいる北西の盆地部を除き、山地部が大半を占めており、可住地面積が全国一小さい県です。生産農地面積・農業産出額は近畿2府4県の中では大阪府に続いて少なく、総農家戸数は2万8563戸、そのほぼ半数が販売農家であり、そのうち主業農家の占める割合は13％（1964戸）となっています（データは2010年農林業センサス）。また、高齢化による農業従事者の減少と後継者不足などから休耕地や耕作放棄地が増加傾向にあります。この県では限られた土地を最大限に有効活用することは重要な政策課題であり、それには地域の振興と農業とのバランスを図りながら活性化につながる施策を推進していくことが求められます。このような背景から、当協会は２０１４年1月に太陽エネルギーの有効活用による地域振興と関連産業の健全な発展および農村部における過疎化対策を目的に設立されました（**表5**）。

当協会理事長の中西晃一氏は「農作業は大変な労力と継続した営農意識が要求されるが、労力に見合った収入を得ることが厳しい産業であり、ただ地元に帰ってきて欲しいと言うだけでは過疎は止まらない。戻ってきやすい条件を整えるのが先決」と説かれています。営農型太陽光発電（以下、営農発電という）はそのような厳しい農業情勢の中で農家の経営基盤安定に役立ち、「命の源である食べ物を作る農業をクリーンで再生可能で無尽蔵な太陽光エネルギーの利用を促すことで守っていく」ことの意義は大きく、当協会では申請手続をはじめ設備導入等で幅広く農業者をサポートしています。

営農発電は２０１３年3月に農林水産省で発電設備の設置によって農産物収穫量が太陽光発電パネル設置前の8割を下回らないこと等を条件として、設備の支柱部分の農地をそれまで転用が原則認められなかった第1種農地等でも一時転用を認める旨の局長通知（平成25年3月31日付け24農振第２６５７号）により可能

表5　（一社）奈良県太陽光発電普及促進協会の概要

組織体制	理事長（中西晃一氏）、専務理事1名・監事1名、顧問2名（うち1名大学教授）正会員・賛助会員から成り、賛助会員が各地域のアンテナショップの役割を担っている
設立年月日	平成26年1月1日
所在地	奈良県大和郡山市（協会事務局）
事業内容	太陽光発電の普及 太陽光発電の情報収集及び関係部門への提供 太陽光発電の視察・研究および教育 奈良県における地域振興への助言と提供 農村部における過疎化対策への提言 エネルギーの地産地消による分散型発電の推進 関係協会との情報交流や関連業界との連携

（出所）当協会 HP に筆者補記。

となりました。ただし、実際に許可を得るにあたっては具体的な申請手続・内容について先例に乏しく、当協会では市町村の農業委員会や県等関係機関と確認・やり取りを幾度も繰り返しながら申請にこぎつけました。

２０１４年10月に奈良県で初めて農作物における一時転用許可を取得することができましたが、とくに許可条件となる営農作物の単年度収穫量が該当地域における平均的な収穫量の８割を下回らないことへの疎明と営農作物にかかる有識者の意見書を要することへの対応に苦慮しました。単年度収穫量への影響については営農計画書を申請書に添付しなければなりませんが、それには当該営農作物について、①生育に適した日照量が確保できること、②効率的な農作業が実施できること、③単年度収穫量の見込み、を疎明しなければなりません。

①については当該作物の光飽和点を踏まえ遮光率を算出し太陽光発電パネルの隙間を設計することになりますが、遮光率の算出にあたり必要となる当該作物の光飽和点データを体系的に整理したものはなく、当協会では国立国会図書館で調べ上げ整理するなど相当の苦労を要したとのことです。遮光率の計算は実践事例によると、営農作物は陰性植物の蕗・茗荷であり、調査の結果、光飽和点は25klx以下であることから、当該地域の真夏の午後１時の照度（１５０klx程度）をもとに光飽和点25klx以上の照度が確保できることが生育に必要な条件となります。当事例では若干余裕をみて遮光率を74・

写真１　遮光率74.5％の太陽光発電パネル（営農作物は蕗・茗荷）

5%としており、光飽和点25klxに比し日照量38klx（150klx×25・5%）が確保できる計算となっています（**写真1**）。

②の効率的な農作業の実施とは、当該作物の栽培を効率的に行う上で通常必要となる農業用機械が太陽光発電パネルの下で立ち入り作業ができる空間が確保されていることが要求されます。そのための支柱の高さ・間隔を確保する必要があり、当事例では使用する農機に対し支柱の高さ（最低地上高240cm（15年には最低地上高200cmでも可能になっています）、最高地上高320cm）・間隔とも余裕を持たせた設計となっています（**写真2**）。

③単年度収穫量の見込みについては比較対象として市町村の統計等を採用しますが、地域の平均的な統計等が存在しない作物を生産する場合には、自然条件に類似性のある他地域の平均的な単収などを参考にすることになります。当事例では対象作物の光飽和点に比し十分な日照量を確保できる計算から減収は見込んでいません。

写真2　太陽光発電パネルの下で使用する各種農機

（出所）写真1、2とも筆者撮影。

単収への影響については毎年度収量をチェックし、営農発電にともなう農地の一時転用では3年毎に新規申請（更新）手続をしなければなりません。その際、地域の平均的な単収の8割を下回る場合は太陽光発電設備の撤去を求められることがあることに留意が必要です。

なお、具体的な申請手続にあたっては、このような単収への影響評価に加え、別途、有識者の意見書も要することから当協会では大学教授を顧問に迎え対応しています。

（２）実践農家へのインタビューより

実際に当県で初めて営農発電に伴う農地の一時転用許可を取得した兼業農家のＮ氏は定年後も営農が継続できるよう収入の下支えを模索していたところ、かねてより関心のあった太陽光発電を営農地で実践できる営農発電の存在を知りました。最初は個人で取組みを始めましたが、関係機関との折衝に困難を極め、諦めかけていたところに当協会が設立されたことから、以降は当協会がコーディネーターの役割を担い関係機関との総合調整、各種サポートにあたることで実現にこぎつけることができたといいます（**表６**）。

作付作物の収量への影響は認められず、収穫の都度、近隣の道の駅（直売所）に出荷し、ほとんどがその日のうちに完売したとのことであり、品質面でも市販品と引けを取らないことが確認できました。また、太陽光発電設備も順調に稼働しておりメンテナンスも容易とのことです。なによりも「やってよかった。売電収入は小遣い程度であるが助かっており、今後はいろいろな作物にチャレンジしたい」と生き生きと語られる本人の姿が印象的でした。

（３）小括

各地でも営農発電に興味はあるものの具体的に何を確認し、関係機関とどう

表６　奈良県許可第一号案件（Ｎ氏）

許可取得日	平成26年10月24日
所在地	奈良県生駒郡平群町
敷地面積（うち許可対象転用面積）	280m²／85坪（うち6.08 m²）
太陽光発電設備（遮光率）	12kwシステム（74.5%）
作付作物（植付時期）	蕗（３～４月）、茗荷（10月）

（出所）当協会資料およびヒアリングを基に筆者作成。なお、前掲両写真は本案件のもの。

やり取りをすればよいか分からず次に踏み出すことができない、まったくの手探りの状態との声をよく聞きます。これまでみてきたように営農発電の取組みには申請手続をはじめ太陽光発電設備の導入、その下での営農作物の生育に関する知見等、多岐にわたる専門的な知識とそれを踏まえたうえでの実務、関係機関との折衝・調整が要求されますが、それを個別農家でそれぞれ対応するには限界があります。

そこで、そのようなノウハウを集積し共有する仕組みを構築することが営農発電普及への突破口になると考えます。当協会のように相談窓口となりトータルでコーディネート、コンサルティングをなしうる機能が求められるのです。実務経験・実績を積み重ねることで申請手続・内容の様式例や一連の申請フローのマニュアル化、収支・事業計画のシミュレーションが可能となります。

ただし、現状では単年度収穫量への影響について個別農家が実際に営農を行うなかで実証しなければならず、収量・品質いかんで太陽光発電設備の撤去を求められることを鑑みれば個別農家が負担するリスクとしては大き過ぎます。結果、作付作物はいきおい蕗・茗荷など陰性植物が中心あるいは地域で実績のある作物となり、対象作物の多様化は進みません。

今後、営農発電が広く一般化していくには事実上、個別農家に委ねられている作付作物の収量・品質の実証責任を関係機関も含め広く分担する仕組みが必要と考えられます。当協会では「実験農場」の構想を打ち出しており、先ずはナス、カボチャ、キャベツ、ハクサイなどの中光品種（光飽和点40～45klx）までの作付けが容易となるよう有識者による意見書の作成および対象作物ごとの光飽和点を一覧表にすることに挑戦しています。局長通知では日照量が最も多い時点（夏至の太陽高度）を基準に遮光率を計算することになりますが、実際の作物栽培では季節ごとに日の出から日没までの日照量に影響を受けるのであって、それは営農を通じてでしか測れません。これら検証をすることで対象作物の選択肢を広げ、現状では保守的な設計にならざるを得ない遮光率の最適値を見つけ出し発電効率を上げ「営農と売電の最適化」を実現できます。このように対象作物について光飽和点／遮光率と収量・品質の関係を検証しメルクマールを示していくことはたいへん重要な取組みですが、これを有志の民間団体の活動に止めず、政策として行政の積極的な関与・支援を期待します。

(4) 協同組合との関係性

ここで、営農発電の取組主体のあり様について考察しておきたいと思います。営農発電普及の最大の鍵は、当協会のような地域で核となりうる存在があるかではないでしょうか。それは地域主導かどうか、地域にねざした取組みであるかが重要です。「コミュニティ・パワー」という考え方があります。世界風力エネルギー協会が示した考え方で、地域の人々がオーナーシップをもって進める自然エネルギーの取組みのことをいいます。「コミュニティ・パワー」と呼べるには次の3原則のうち、少なくとも2つの基準を満たしていなければなりません。

コミュニティ・パワーの3原則

①地域の利害関係者がプロジェクトの大半もしくはすべてを所有している。

②プロジェクトの意思決定はコミュニティに基礎をおく組織によって行われる。

③社会的・経済的便益の多数もしくはすべては地域に分配される。

これらは、地域住民が自由意思でみずから参加、民主的な意思決定、地域にねざした合意形成、主体的な出資・運営と利益の応分等といった協同組合の原則と親和性が高いといえます。

翻って、当協会が行っていることをみると非常に〝協同組合〟的といえるのではないでしょうか。日本の農業経営は兼業農家が多く特定の作物に依存する小規模な単一経営が多くあります。このような小規模経営農家が生き残る道は穀物に野菜、畜産を加えるといった複合化が主でしたが、そこに営農発電という新たにエネルギー生産が加わったといえ、営農発電は農家複合経営の形態のひとつとして捉えることができます。自然エネルギーの特性は「地元の自然に依存する産業と親和的」であり「第1次産業と同様に土地に固着した産業」であることから、農家が太陽光発電に取り組むことは半ば必然ともいえます。その取組みの核となるのは、高度な専門性を有しトータルでコーディネート、コンサルティングを行いうる地域にねざした人材・組織であり、そこでは農業者のやる気（やる気の喚起も含め）の実現に向けどれだけ献身的にサポートできるかも鍵となるでしょう。まさに農協の出番ではないでしょうか。

4　農地転用による太陽光発電（非営農型と営農継続型）の可能性と課題

全国的にみると、太陽光発電のために農地が転用された面積は前述の通り15年5月現在、４１２１haを数えます。ただし、その転用が非営農型か営農継続型かについての詳細は不明です。したがって、筆者のこれまでの見聞を踏まえた推定でしかありませんが、この中には出力が１０００kW超のいわゆるメガソーラーも少なからず含まれるであろうし、反対に、この中に営農継続型の太陽光発電のための一時転用の面積を含むとしてもそれは限定的でしょう。いずれにしても、それらを区別したデータをいまのところ持ち合わせていないので、その区別は置いておき、これらの転用実績を踏まえ、最後に農地転用による太陽光発電を２つに分けそれぞれの可能性と課題を整理します。

(1) 非営農型の太陽光発電

この非営農型の太陽光発電を含め、冒頭で触れたように太陽光発電の導入が著しく、12年7月からのＦＩＴ制度以降、14年３月末時点で設備認定量は累計で６５７３万kWにまで急増しました。これは東京電力の全発電所の最大出力約６５００万kWを超えます。

政府が東日本大震災前に掲げた30年の導入目標５３００万kWが現実的になりつつある一方で、電力系統への接続問題や賦課金負担等の課題も顕在化しています。また、６５７３万kWの認定設備のうち、既に運転を開始したのは９５７万kWと全体の約14％にすぎません。一部運転開始を断念した事業者もありますが、残る約５６００万kWの設備稼働も今後の大きな課題です。

さらに、広大な敷地に太陽光発電パネルを設置したメガソーラーのような発電施設についても、景観の悪化や傾斜地設置に関わる災害懸念等に起因する発電事業者と地域住民との摩擦問題などの解消策も今後の少なからぬ課題でしょう(19)。ただ、太陽光発電に係るこれら電力系統への接続問題や賦課金（ＦＩＴ）負担、設備の未稼働問題等については一定の改善も図られています(20)。それによると、従来の電力会社（一般電気事業者）による地域独占体制を変更するまでの改革には手がつけられていないものの、資源エネルギー庁の審議会等でこれらの問題点の整理、対応策が検討された結果、電力会社の新たな出力制御ルールの下での自然エネルギー導入への移行およびＦＩＴ制度の運用見直し等であり、主として次のような改善点です。①出力制御対象の見直し、②指定電気事業者制度の活用による接続の拡大、③ＦＩＴ制度の運用の見直し、④太陽光発電の調達価格の適正化、⑤接続枠を確保したまま事業を開始しない「空押さえ」の防止、等です[21]。メガソーラーのような大規模発電施設は大規模資本投資を伴うため、これまでのところ日本を代表する商社系や通信会社系、電力会社系といった大企業傘下の発電事業者が主流となっています。そうした超大規模な太陽光発電ではないとしても、前述したように農地転用の申込件数がこれまでに２万１３０６件を数えていることからすると、国内の太陽光発電への設備投資は相当な額にのぼるのは容易に想像がつきます。このため農地転用等により「眠った土地を太陽光発電投資で活用を」とうたった建設会社や設置業者、ソーラーパネル会社、等々が製作したホームページ（ＨＰ）は、インターネットで「太陽光発電」と入力し検索しただけでも相当の数が現れます。それだけこの投資に前向きな希望者が多いという証しでもあります。そう考えれば、農地転用による非営農型の太陽光発電はこれからも増加すると考えられるでしょう。

(2) 営農継続型（ソーラーシェアリング）による太陽光発電の兼営

一方、それに比べると、営農継続を前提として農地の一時転用による営農型発電（ソーラーシェアリング）については、前述の実践事例にみられるように、概して発電規模や設備投資額もそれほど大きなものではありません。しかし、後述するようにここでも規模のメリットの追求は避けて通れない課題でしょう。

また、営農継続型では、作物そのものやその育成に適した日照量の確保も重要です。

東北大学の牧野周教授によると、植物には陽葉植物と陰葉植物の２体系が存在し、基本的に作物は陽葉植物に属しています。窒素の含有濃度の条件により光合成の速度が変化し、光飽和点の高低も変わり、さらに葉の面積も光合成速度の重要な要素です。それだけに、太陽光を一定程度遮る営農継続型では作物の選定も重要なポイントです。この場合、陰葉型植物が有利と想定されますがその種類は限られます。それゆえ反射光の利用を考慮することも大事であるといいます[22]。

これまでに国内で採用された作物の種類は、ここに指摘されるように陰葉型植物が多いが、本稿で取り上げた事例の課題にもあるように、営農継続型発電では作物の選択幅の拡大と適正作物の探求も課題となります。

さらに、非営農型であっても営農継続型であっても農地を転用して太陽光発電に取り組む場合、基本的には当該農地は個人の所有であるケースが圧倒的であり、したがってこの発電に対する関心も個人の希望に起因します。しかし、発電して売電するための電力系統への連系に要する電圧変換設備、連系設備、メンテナンス等の設備投資およびランニングコストを考慮すれば、一定規模以上のいわゆる規模の経済を生かすことも考えなければならないでしょう。したがって、地主個人の枠を超えた共同出資による発電で規模のメリットを生かす方法も考えなければ事業の継続に支障を来しかねません。国内外を問わず太陽光発電においても市民の協同事業や農家の協同事業として運営する例が少なくありません[23]。

おわりに

非営農型、営農継続型に共通する農地転用による太陽光発電で問題となるのは、新聞にも取り上げられていますが[24]、農地の違法転用の問題があります。これは農地法の手続きの欠落が最大の問題であり、同時にこれには地元の農業委員会の監視が行き届かないという問題も併存しています。

農地法の転用許可制度は、優良農地の確保と計画的土地利用の推進を目的としており、農山漁村再生可能エネルギー法においては、農山漁村における農林漁業の発展と自然エネルギー発電の促進を目的にしており、それぞれ諸規制があります。そして、営農継続型（ソーラーシェアリング）の太陽光発電にあっては、農業と発電を兼営し両立させるところが要点です。いずれも二律背反になりかねない命題を抱えています。ここで忘れてならないのは農林漁業と新たな発電との調和と両立が尊重されなければ成り立たないということです。何のための自然エネルギーによる発電なのでしょうか。単なる収益事業との考えに偏ってしまえば、諸規制を犯すことも厭わなくなりかねません。化石燃料に依存しない、そして東日本大震災から重要な教訓を得たように、原子力に依存しない自然エネルギーの供給にこそ、その調和と両立の原点があると考えます。

注

(1) FIT制度は、自然エネルギーを用いて発電された電気を、国が定める価格で電気事業者が一定期間買い取ることを義務付ける制度であり、先行導入した欧州においては自然エネルギー普及の原動力となってきた。日本では、主に住宅用太陽光発電の分野で、09年11月から「余剰電力買い取り制度」として始まっていた。

(2)2015年4月1日に設立され、東京都江東区豊洲に事業所を設置。略称は「広域機関」または「OCCTO　オクト(Organization for Cross-regional Coordination of Transmission Operators, JAPAN)」

(3)電力会社の電力料金単価を下回る「グリッドパリティ」の達成と30年までに太陽光発電単独での達成が目指されている(NEDO再生可能エネルギー技術白書」13年12月)。

(4)内閣官房国家戦略室HP。

(5)具体的内容については、国家戦略室(2011年10月25日、食と農林漁業の再生推進本部決定)「我が国の食と農林漁業の再生のための基本方針・行動計画」を参照されたい。

(6)農山漁村再生可能エネルギー法の制定経緯については石川武彦「再生可能エネルギー発電を通じた農山漁村活性化策―農山漁村再生可能エネルギー法案―」『立法と調査』(2012年5月　№328)を参照した。

(7)ただし、農用地利用計画の変更(農用地区域からの当該農地の除外)が必要と認められる場合は、農用地利用計画の変更をした上で農地法による転用許可を得る必要がある。農水省HP「農業振興地域制度の概要」

(8)2015年度末まで許可権者は、①4ha超：農林水産大臣、②4ha以下~2ha超：国との協議(法定受託事務)を付し都道府県知事、③2ha以下：都道府県知事、であった。

(9)「農林漁業の健全な発展と調和のとれた再生可能エネルギー電気の発電の促進に関する法律について」「同…法律の概要」「同…法律の特徴(農業関係)」農水省HP。

(10)具体的には、「認定」によって、農地法、酪肉振興法、森林法、漁港漁場整備法、海岸法、自然公園法及び温泉法の許可があったものとみなす。農地の集約化等の市町村による所有権移転等促進事業（計画の作成・公告による農林地等の権利移転の一括処理）が受けられる、等々である。前掲注に同じ。

(11) 杉本啓二「太陽光発電と農地問題」『農業と経済』２０１６年3月。

(12) 自然エネルギー協議会「自然エネルギーによる地方創生に向けて」２０１５年11月。

(13) この日本農業新聞の記事には、東日本大震災の復興を目指して農地の転用手続きを緩和できる「復興特区法」を活用して太陽光発電のために農地転用したケースも岩手県28・6 ha、宮城県１１２ha、福島県１０６・８haがあったが、通常の農地転用と手続きが異なるため集計には含んでいない、とのことである。

(14) 農林水産省農村振興局長「支柱を立てて営農を継続する太陽光発電設備等についての農地転用許可制度上の取扱いについて」（24農振第２６５７号・平成25年3月31日）

(15) 耕作放棄地は、「以前耕地であったもので、過去1年以上作付けせず、しかもこの数年の間に再び耕作する考えのない土地」と定義される農林業センサスにおける統計上の用語。遊休農地は、農地法上で、「ア　現に耕作の目的に供されておらず、かつ、引き続き耕作の目的に供されないと見込まれる農地」「イ　その農業上の利用の程度がその周辺の地域における農地の利用の程度に比し、著しく劣っていると認められる農地（アを除く）」と定義され、農地の有効利用に向け遊休農地に関する措置を講ずべき農地。荒廃農地は、市町村及び農業委員会による現地調査（荒廃農地調査）において、「現に耕作に供されておらず、耕作の放棄により荒廃し、通常の農作業では作物の栽培が客観的に不可能となっている農地」と定義され、その荒廃状況により「A分類（再生利用が可能な荒廃農地）」と「B分類（再生利用が困難と見込まれる荒廃農地）」のいずれかに区分。中四国農政局HP「耕作放棄地等の定義」

(16) 農林水産省農村振興局長「再生可能エネルギー発電設備の設置に係る農地転用許可制度の取り扱いについて」（23農振第２５０８号・平成24年3月28日）

(17)前掲注に同じ。
(18)「防草発電シート普及に法の壁」日本農業新聞（２０１５年11月２日）
(19)地域住民とのトラブルについては、例えば「急増メガソーラー摩擦も」朝日新聞（２０１６年１月４日付）等で詳しく報道されている。
(20)詳しくは、資源エネルギー庁（平成27年１月22日付）「再生可能エネルギー特別措置法施行規則の一部を改正する省令と関連告示を公布しました～再生可能エネルギーの最大限導入に向けた固定価格買取制度の運用見直し～」と、これに基づく農水省「通知」（平成27年１月22日付）「農林漁業の健全な発展と調和のとれた再生可能エネルギー電気の発電の促進による農山漁村の活性化に関する計画制度の運用に関するガイドライン」
(21)これに関連するＦＩＴ制度による系統電力への接続問題や電力需給調整能力の課題については、増川武昭・坂内久「太陽光発電導入の現状と今後の大量導入に向けた課題」『農林金融』（２０１４年10月）を参照されたい。
(22)東北大学農学部応用生物化学科の牧野周教授からの聞取り（２０１５年10月20日）に基づくが、本記述文責は全面的に筆者に属する。
(23)国内の事例では、つぎに紹介する記事に（取り上げられた事例本来の目的とはやや観点は違うが）、規模のメリットを追求した例を見ることができる。
「再エネ発電、被災地の市民団体参入」〈約７ａの太陽光パネル下で大豆やブドウ…引用者注、以下同〉（河北新報２０１４年８月20日）「〈メガソーラー〉７００世帯分―川俣に完成―」〈畑３・６ha〉（同紙２０１５年８月25日）、「飯館メガソーラー起工―農地保全拠点へ期待―」〈農地約30ha、地権者30人〉（同紙２０１５年９月２日）、「〈メガソーラー〉大潟で稼働―17団体出資―」（同紙２０１５年10月22日）、「営農型太陽光発電を導入―市民出資で地域活性化―」（日本農業新聞２０１６年１月11日）。

海外の事例では、坂内久「第2章デンマークにおける取り組み事例　Ⅱ　サムソー島における再生可能エネルギー利用と地域への波及効果」『〈総研レポート〉再生可能エネルギーの地域自立型活用を巡る最近の動向』農林中金総合研究所（2013年1月）、「第1部ドイツ調査　Ⅱ協同組合銀行が支援する太陽光発電」『〈総研レポート〉再生可能エネルギーの地域自立型活用を巡る最近の動向Ⅱ―ドイツの事例と日本の小水力・地熱・風力発電―』農林中金総合研究所（2013年1月）を参照されたい。

(24)「〈再エネ〉太陽光農地の違法転用続出」（河北新報2014年10月16日）など。

〔分担執筆〕はじめに、1、2、4、おわりに　坂内久　3、河原林 孝由基

※本稿は協同組合研究誌『にじ』2016年春号№653に掲載された坂内久・河原林孝由基「再生可能エネルギー発電と農業の兼営の可能性・課題―営農型太陽光発電（ソーラーシェアリング）を中心に―」の一部を修正したものである。

第3章　生協が取り組める自然エネルギー産直

はじめに

パルシステム東京は日本全国に約600ある生活協同組合の一つで「『食べもの』『地球環境』『人』を大切にした『社会』をつくります」を理念に掲げ、現在約44万人の組合員が加入しています。パルシステムグループ全体では1都11県に約193万世帯の組合員を擁し、しばしば「環境と産直の生協」と呼ばれるほど、環境保全活動と農林水産物の産直事業を不可分なものとして熱心に取り組んできました。

1　脱原発運動としての新電力事業

エネルギーに関しても環境保全・資源循環型社会をめざす運動の一つとして進めてきました。新電力事業開始までの主な活動を**表1**にまとめています。他にも今日に至るまで200近くある委員会（組合員による地域での活動）と本部が学習会やシンポジウムを各地で多数開催しています。現在は「自然エネルギーで豊かな日本を創ろう　アクション」や「全国ご当地エネルギー協会」などへも参加し、全国の脱原発・再エネ推進で志をともにする他団体と連携して政策提言や社会への情報発信を行っています。

東京電力福島第一原子力発電所の事故が起こったのは、折しもパルシステム東京エネルギー政策の骨子がまとまり、理事会報告を月末に控えた時でした。未曾有の被害に、私たちは政策の決定と実践に向けた動きを加速させました。そして、11年末、次世代に負の遺産を継承しない持続可能な社会をめざし、地球温暖化防止、原発に依存しない社会、都市と地方との共生などを盛り込んだパルシステム東京エネルギー政策を確定しました。「脱原発の立場で再生可能エネルギーを選択し、将来的には自給率１００％を目ざす」という野心的な目標を掲げています(1)。

こうして原発との決別の意志を込めた私たちの新電力事業は13年4月にスタートしました。根底に流れる哲学は農産品産直で実践してきた考え方と同一で、生産者と消費者がともに生活者として手を携え支えあうことによって健康や安心といったくらしのニーズや願いを実現することであり、

表１　最近のエネルギー関連活動

2005年６月	「エコ・カレンダー（環境家計簿）」の取組みを開始し家庭からの環境活動を啓発
07年８月	「パルシステムグループのエネルギー政策について」を検討
08年１月	「六ヶ所再処理工場本格稼動中止を求める署名」活動の展開
８月	「地域型CO_2削減エコ・アクション・ポイント事業」を開始して家庭の使用電力削減を呼びかけ
09年１月	組合員による「省エネアドバイザー制度」を開始して家庭での省エネ診断を実施
２月	組合員と手づくり太陽光パネルを製作し、未電化地域へ贈呈する社会貢献を実施
12月	東京都との協定書を締結して省エネアドバイザーによる省エネ診断の開始
10年11月	「パルシステム東京エネルギー政策検討プロジェクト」を設置
11年３月	「パルシステム東京エネルギー政策骨子」を理事会にて承認
12月	「パルシステム東京エネルギー政策」を理事会にて承認
12年４月	「エネルギー政策作業部会」（政策の実現に向けた実務者会議）を設置
10月	子会社（株）うなかみの大地に新電力事業部門を新設
13年４月	（株）うなかみの大地にて新電力事業をスタート

次世代以降を考えた実践です。私たちにとっては生活必需品である電気が「産直」であるべきと考えるのは極めて自然なことだったのです。

2　生活協同組合パルシステムの「産直」

パルシステムの産直ってなんだろうと理事になった頃よく考えました。日本中の産地からパルシステム連合会の農産専門子会社に集荷・検品され、物流センターや配送センターを経由してパルシステムの供給担当が組合員宅に届けるのです。「産地直送」でも「生産者直売」でもありません。一言で説明するのは難しいですが、パルシステムの産直において生産者と消費者をダイレクトに繋いでいるものは何かと問われれば、それは「こころざし」と「心意気」ではないかと思うようになりました。私たちは産直という事業と運動を通じて食の安全と安心を実現するとともに近江商人を超える四方よし「売手よし、買手よし、世間よし、未来よし」の社会を創ろうという「こころざし」と、いっしょに挑戦しようじゃないか、という「心意気」を共有しているのです。

ホームページでは「パルシステムの産直＝産地と食卓と、未来をつなげる」をキャッチフレーズに、パルシステムの「産直」の目的は、食と農をつないで豊かな地域社会を作ることであって単に安全・安心な食べ物を調達する手段ではない、と明記しています。私たちが産直で大切にしているのは、「つくる人」と「食べる人（購入し消費する人）」がともに健康で安心なくらしを実現するため、理解し合い、利益もリスクも分かちあえる関係を築くことなのです。そこには組織と組織、買手と売手というモノが媒介する関係と同時に、固有名詞と人情をともなった個人と個人の結びつきがあります。

また、今は発展途上で目標レベルに到達していないものでも、ゴールを共有し尽力している者同士であれば認め合い仲間を増やしていこうという姿勢があります。この点が、限定された顧客にターゲットを絞り、選りすぐりの物を買い集めるセレクトショップやスーパーなどでも見られるようになった一般的な「顔が見える関係」と違うところでしょう。この農産品産直の哲学はそのまま私たちのエネルギー政策にも投影されています。

3　新電力事業の進展

パルシステム東京エネルギー政策では15年までにパルシステム東京で使用されるエネルギーの30％を自然エネルギーに転換するという目標を立てていました。また、転換によるコスト増は10％程度を見込みました。この目標に向かって13年に子会社「㈱うなかみの大地」と連携、同社内に新電力事業部を設立し、最初の電源として木質バイオマス発電を行っている「やまがたグリーンパワー社」と提携しました。所在地はさくらんぼの産地で、さくらんぼの木の剪定枝、間伐材、街路樹の剪定枝、建築廃材などが原料として持ち込まれます。そして発電の副産物のタールや木酢液の一部は燃料や田畑の肥料として再利用されます。幸い14年度末までにパルシステム東京で使うエネルギーの約8割を自然エネルギーをベースとする電力に転換することができ、目標を大きく上回りました。またコスト増についても想定範囲内で収めることができました。

提携する発電所と供給先も順次増やしてきています。**表2～4**に14年度末時点での電源と電力供給先・供給量を一覧としてまとめました。那須野ヶ原土地改良区連合は先人が未来の子孫のために心血を注いだ大灌漑事業の歴史を背景に、土地の高低差と豊かな水量を生かした小水力発電を行っています。埼玉県小川町は町ぐるみの有機農業推進と6次産業化で有名な地域です。山形県置賜地域はパルシステム東京とは長い付合いで親子二代にわたってのファン、という組合員や職員がいます。14年の秋に野川小水力発電所が完成し、地域市民への公募の結果

表2　提携する再生可能エネルギー発電所

13年度契約発電所	発電出力	14年度契約発電所	発電出力
やまがたグリーンパワー発電所	1,770kW	のがわデンデン小水力発電所	192kW
栃木県小水力発電所3基	480kW	パルさんさん1号機太陽光発電所	490kW
物流施設屋上太陽光発電	51.3kW	パルさんさん2号機太陽光発電所	490kW
小川町市民太陽光発電所	17.2kW	物流施設屋上太陽光発電	30kW
		千葉県バイオマス発電所	1,000kW
13年度小計	2,318.5kW	累計	4,520.5kW

表3　電力供給先

組織名	施設数	施設所在地
パルシステム東京	18	品川区、足立区、江戸川区、江東区、大田区、港区、板橋区、青梅市、狛江市、多摩市、八王子市、東村山市、府中市、三鷹市、立川市、世田谷区
パルシステム千葉	1	野田市
パルシステム神奈川ゆめコープ	4	横浜市金沢区、横浜市鶴見区、横浜市緑区、川崎市宮前区
パルシステム埼玉	5	蕨市、草加市、さいたま市見沼区、川越市、白岡市
（株）パル・ミート	2	千葉県習志野市、山形県村山市
（株）パルブレッド	1	八王子市
計	31	

表4　電力供給量

項目	14年度累計	前年対比
供給電気量	12,881,501kWh	152.9%
自然エネルギー供給電気量	10,215,501kWh	203.7%
自然エネルギー電気比率	79.3%	1.35倍

「のがわデンデン」と命名されました。念願の農作物と電気のダブル産直が実現することとなり、つながりがより広く深くなりました。

また、復興支援の一環として被災地における自然エネルギー発電事業との連携も模索し、15年4月より福島県いわき市の企業組合の太陽光発電所（49kW）からも電気を購入しています。今後とも、都市と地方の共生と電力の安定的供給を可能にする小規模分散型自然エネルギー発電所との連携ネットワークを広げていく予定です。パルシステム東京では第七次中期計画（２０１４～２０１６年）において、「産直産地との地域連携モデルを実現し、組合員へ供給する『産直でんき』[2]の供給モデルを確立」することを決めました。次節では、産直でんき第一号となった「のがわデンデン」とダブル産直がかなうまでの経過について紹介します。

4　産直でんき第一号　野川小水力発電所「のがわデンデン」

(1) 食管法時代に始まった山形県置賜地域との産直

山形県置賜地域との出会いは39年前にさかのぼります。78年パルシステム東京の母体の一つである旧タマ消費生協が米を求めて置賜の旧西根農協を訪れ、米を初め食のあり方についての思いを熱く農協青年部に語りました。当時は米1俵（60kg）に1万8～9千円という高値がつき、農協が販路に困ることはなかった時代です。「なんで生協などに売るのだ、経済連に売らないでどうするんだ」と反対の声は大きいものでした。それを青年部のメンバーが「まもなく消費者と生産者が手を取り顔の見える関係を結ぶ時代が来る」と主張し、何日も何日も組合長と話し合いを重ねて、「頭の固い役員には退陣してもらい青年部から選挙で役員をだす」と一歩も引かなかったといいます。とうとう組合長が「理解してくれる仲間でやれ」と認めてくれ、産直の第一歩が始まったのでした。この時の青年部の中核を担った組合員がやがてＪＡ山形おきたまの理事となり、さらに野川土地改良区の理事・理事長になり、地域で活躍し信頼され続けてきたことが、「産直でんき」を生みだす力になりました。

(2) 生産者と消費者のつながりが変革を生んだ

ＪＡ山形おきたまとの組合員に語り継がれている逸話があります。その一つが公開確認会(3)がきっかけになって農薬の空中散布を取りやめてくれたことです。94年に旧西根農協を含む３市５町の10の農協が合併し、日本最大の大型農協ＪＡ山形おきたまとなっていました。東京都の面積が約22万haに対してＪＡ山形おきたまの管轄面積は24・５万haであるからその規模は広大です。公開確認会が行われたのは02年６月、ＪＡ山形おきたまが受入れ先となり、監査人を含む多数の組合員、全国のパルシステム産直産地の生産者、行政、地元関係者で会場はいっぱいになりました。

その中でパルシステムの組合員から農薬の空中散布に対する意見が矢継ぎ早にでました。この時の米部会長はＪＡ山形おきたまの理事で現在、野川土地改良区理事長の工藤誠一さん、防除対策の責任者は現在、米部会長と野川土地改良区の理事を務めておられる飯澤一雄さんでした。ずいぶん辛い立場に立たせてしまったと思います。当時農薬の空中散布は日本中で行われていたので、農協内での検討にあたってはさまざまな意見や逆風があったことは想像に難くありません。大型農協であるから合意形成に時間がかかるのが普通です。けれども、なんとＪＡ山形おきたまは17年間続いた空中散布を翌年から全面廃止することを決定したのです。当時の新聞等、マスコミも大型農協の大改革を大きく取り上げました。

「晴れ曇り　あった産直　今絆」「受け皿が　あるから産地　もえられる」「パルの出す信号いつも青はなし」全職員への講演をお願いした際に工藤さんが詠んでくださった川柳です。

(3)「のがわデンデン」ができるまで

ここで、「のがわデンデン」について若干の紹介をさせていただきます。その発端は3・11を契機とした山形県の卒原発をめざす取組みと野川土地改良区の小水力発電事業構想にあります。山形県は吉村美栄子知事がいち早く「卒原発」を提唱、12年3月には「山形県エネルギー戦略」を策定し、中小水力発電を重要なエネルギーと位置づけました。一方、野川土地改良区は社会的責任を果たそうと、50周年の記念事業として小水力発電の導入を構想していました。卒原発の運動であると同時に、売電収入を施設の維持管理費用に充てることもできますし、組合員の会費負担軽減にも充てられます。運動と事業の一体化が野川土地改良区でも行われようとしていたのです。

さらに、年間を通じた水利権を有するという希少な好条件に恵まれていることもあって、県の目にとまったようです。50周年記念誌には知事からの「地球環境保全への貢献と貴土地改良区の運営基盤強化に向けて小水力発電の取組みが成功されますことをご期待申し上げます」とのメッセージをはじめ、長井市長、飯豊（いいで）町長、山形県企業局、置賜総合支庁産業経済部長から、小水力発電事業への取組みについて期待と協力のメッセージが寄せられました。

（4）二回目の出会いと新電力事業の提携まで

実は、野川土地改良区が水力発電に取り組もうとしていることを私たちが知ったのは、14年に入ってからでした。パルシステムグループの賀詞交換会の際、当組合の専務理事がＪＡ山形おきたまからの参加者に新電力事業を始めたことと連携できる小水力発電を探していることを挨拶かたがた伝えたところ、置賜で間もなく小水力発電所が建設されると聞きました。小水力発電であれば土地改良区が絡んでいるだろうと見当をつけた職員がインターネットで検索したところ、野川土地改良区が県からの事業譲渡を受けて運営主体になることがわかり、50周年記念誌の中に、工藤さんの名前を見つけ、すぐに電話をしました。縁があったのでしょう、担当職員は以前、産直交流担当職員として組合員をつれて何度も置賜に田植えや稲刈りに行き、当時パル部会長であった工藤さんとは大変お世話になった間柄でした。しかし、土地改良区の理事長になっておられるとは知らず、電話の出だしは改まった声で「野川土地改良区の工藤理事長さんって、あの時の工藤さんですか」であったといいます。これが米を求めての出会いから37年後の、産直でんきを求める二回目の出会いとなりました。

最初の出会い、そして空中散布廃止の時と同様、今回もずいぶん苦労をおかけしました。県も野川土地改良区も、疑問の余地なく発電した電気は東北電力に売るものと考えていたからです。公費を投入して建設したのだから、売電料を回収できないような事態が起きたら大問題です。県としても土地改良区としても、地元でもない一生協に売ることを躊躇するのは当然です。関係者の中にはパルシステムという生協の名前を聞くのも初めて、という方も多かったと聞きます。その状況を変えたのは、職員の熱意とねばり、パルシステムとの30数年の取引実績と剰余をきちんと出せていること、自然エネルギーの専門家で当時の東京都環境局の谷口信雄さんの助言、そして何より私たちを信頼してともに説得にあたってくれた置賜のみなさんのお蔭です。

そして14年10月26日、野川小水力発電所開所式はあざやかな晴天の下、厳かな神事で幕をあけ、多くの祝福を受けたのでした。市民公募の末選ばれた「のがわデンデン」という愛称もこの時に披露されました。売電先として私たちもお招きいただき、多くの地元の方とともにこの日を祝うことができました。新電力事業を通じて「里山資本主義」と組合とのむすびめがまた一つ増えました。野川土地改良区、JA山形おきたま、県や地域行政、商工会議所、そしてパルシステム東京などで構成している協議会も発足しています。もっかダブル産直を組合員に周知するための運動商品について話し合いが行われています。15年の重点取組みである「自然エネルギーを選択する市民の輪を広げる」ための施策のひとつとして最大限に活用しています。

5　新電力事業の課題と到達点

パルシステム東京における自然エネルギーへの転換率や電気料金については好調に推移した一方、㈱うなかみの大地が担う新電力事業総体においてはさまざまな課題も浮彫りになりました。最大の課題は㈱うなかみの大地における新電力事業の収益の安定化です。購入量に対してもっとも大きな比重を占めている木質ガス化バイオマス発電は年に1カ月間の定期メンテナンスが必要です。また突発的な故障があれば、急きょ他社から高額で不足分の電力を買わねばなりません。逆に発電量が必要量を超えた余剰電力はただ同然で売却しなければならず、kWh当たり平均の買入れ価格が販売価格を上回る逆ザヤ状況に陥る月もありました。

図1に売買差額の推移を示します。

kWh当たりプラス3円の利益確保が維持できることを目標に需給バランスを検討しながら双方を拡大し、優良な緊急仕入先や余剰電力の売却先を見つけたり、仕入値と売値の改定を行うなど対策を講じてきました。また、㈱うなかみの大地には固定価格買い取り制度の補助金や売電料が入るまでの運転資金の貸付けや、人件費の援助等の財政的支援などを必要に応じて行ってきました。これらの対策が功を奏し、14年度の㈱うなかみの大地における新電力事業は約260万円の黒字で決算を終えることができました。

図1　1kWhあたり仕入単価と売電単価の差額推移（13年度と14年度）

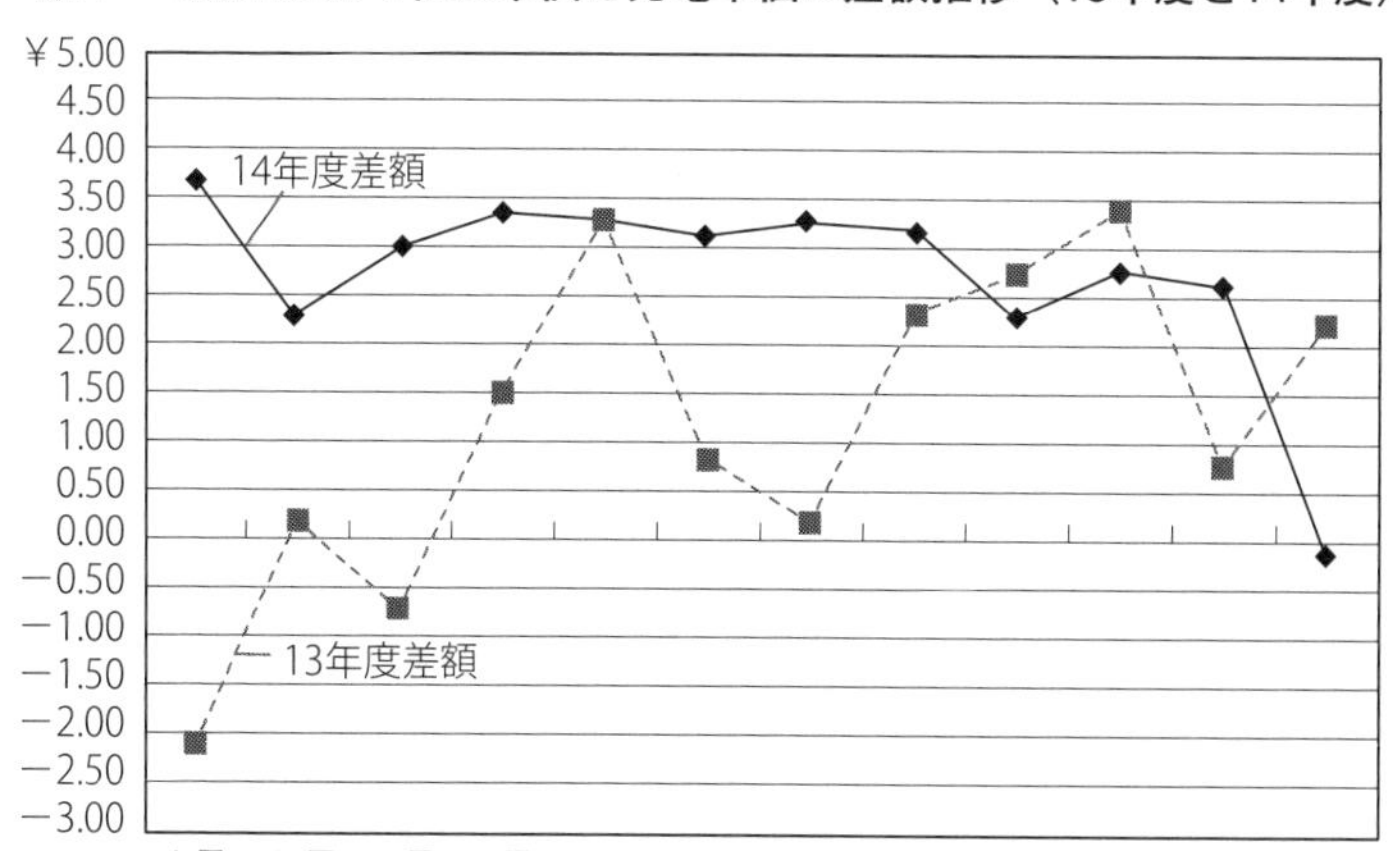

むすびにかえて

理事になりたてのころパルシステムの産直とは何かについて考えましたが、この頃は生協とは何か、今後どうあるべきかと自問することが多くなりました。この10年で生協を取り巻く環境は大きく変わりました。主要事業である食品の宅配はもはや生協の専売特許ではありません。生協の存在価値である消費者と生産者の価値共創も一般企業が取り組み始めました。業界の垣根はどんどん低くなり消滅しつつあります。電力事業においては最初からあらゆる業態が入り混じった業界です。

そのような場所で私たちはどんな旗を掲げるべきか。やはり生協としての社会的使命と使命に忠実な商品、正直さや他人への配慮といった協同組合の基本的価値を今一度高く掲げるべきではないでしょうか。食べものの分野で奇跡の商品と、血の通った人間中心の経済連携をつくってきたように、新電力事業でも生産者と組合員、生協の役職員との連携で奇跡の商品をつくり、小さい連帯経済の輪を太く大きくしていくことに尽きるのではないかと思うのです。理事退任後も熱心な応援者としてパルシステムの新電力事業に視線を送り続けたいと思います。

取材中に工藤さんがおっしゃった「一期一会ではないんだ。多期多会でないといかんのだ」との言葉は社会的企業同士のネットワークが息づいているイギリスのドックランドや韓国のソウルでの連帯経済のありように通じる名言です。実際、東日本大震災復興支援ボランティア預金でお世話になっている城南信用金庫の吉原毅前理事長には自然エネルギー推進を通じて新たに出会い、金融マンの本来の姿と信用金庫の底力に気づくことができました。かまぼこでパルシステムのカタログの常連である鈴廣グループの鈴木悌介副社長には「エネルギー政策から経済を考える経営者ネットワーク会議」の代表というもう一つのお顔と出会いました。

「新しい現実をつくる」という日本の中小企業主の革新的な実行力に希望を感じ、株式会社か協同組合かといった法人形態を超えて連携していくことの可能性と大切さを痛感しました。教えたり教えられたり、支えられたり支えたり。信頼関係があれば私たちは立場を変えて何度でも新しく出会えるのです。

なお、本章を書くに当たっては、野川土地改良区の工藤誠一理事長はじめ多くの方に助けていただきました。末尾ながら深く感謝申し上げます。

（福浦　眞紀）

注

（1）パルシステム東京エネルギー政策　http://www.palsystem-tokyo.coop/work/eco/energy/policy.html

（2）「産直でんき」はパルシステム東京の登録商標（商標登録第5743926号）

（3）公開確認会はパルシステムの二者認証の仕組みで、安全で安心な農産物を生産者とともに組合員が生み広めていくために作られた。

※本稿は協同組合研究誌『にじ』2015秋号№651に掲載された福浦眞紀「生活協同組合パルシステム東京における新電力事業・「産直でんき」の取組み」の一部を修正したものである。

コラム4 パルシステムグループによる「電力の産消提携」の展開

1 パルシステムが考える産直とは

パルシステムグループ（以下、「パルシステム」）は、関東地方を中心に商品や環境政策などの考え方を共有する1都11県の地域生協・子会社とその連合会組織による生協ネットワークです。会員生協の組合員総数は193万世帯（2016年3月末現在）、産直事業を柱に組合員の暮らしのパートナーとして幅広い業務を展開しています。

「産直四原則」（**図1**）を定め、農産物の取引や交流事業を行っており、とくに第4原則はパルシステムの産直の考え方をよく表しています。

農薬の使用制限やトレーサビリティなど食の安全・安心確保を目的に消費者の視点から産直事業を展開する団体は少なくありません。パルシステムでは、そこからもう一歩踏み出し、組合員が消費者の立場を超えて、同じ「生活者」として生産者とつながるという視点を付与しています。最初は自身の食の安全・安心を追求する組合員も、生産者との交流を通して産地の現状を理解し、関心は食卓の

図1　パルシステムの産直四原則

1．生産者、産地が明らかであること
2．生産方法や出荷基準が明らかで生産の履歴がわかること
3．環境保全型・資源循環型農業をめざしていること
4．生産者や組合員相互の交流ができること

先にある地域の課題へと向けられていきます。「作る人」と「食べる人」がともに健康で安心な暮らしを実現するため、理解し合い、利益もリスクも分かち合える関係を築いていくことを第一に考えているのです。

2　農産物も産直・電気も産直

このような産直に対する考えは、食品と同様に組合員の暮らしに不可欠な電気についても産直であるべき、と考える自然な流れを生み出していきます。折しも、11年3月に発生した東京電力福島第一原子力発電所の事故は、その流れをいっそう加速させることになりました。

生活協同組合パルシステム東京を中心に取組みが始まり、13年4月に全国の生協に先駆けて新電力

写真1　産直米の産地、山形県野川地区の水路を利用して発電―野川土地改良区・のがわデンデン小水力発電所―
（出所）写真はいずれもパルシステム提供

写真2　産直産地の畑に太陽光発電パネルを設置。作物を育てながら発電―佐原農産物供給センター・パルシステムのおひさまシェアリング―

写真3　産直産地で発生する「鶏糞」などを燃料にして発電―十文字チキンカンパニー・バイオマス発電所―

事業をスタートさせました。同生協の子会社が新電力事業者となり、手始めに会員生協の事業所・施設向けに自然エネルギーで発電した電気の供給を開始したのです。

14年秋には山形県置賜地域（JA山形おきたま管内）で長年の農産物の産直取引や産地交流がきっかけとなり、電気の購入先として地域の自然エネルギー発電所との提携が実現しました。同地域で野川土地改良区が運営主体となり、農業用水路を利用した小水力発電所が完成し、農産物と電気のダブル産直が実現したのです。産直米の産地、山形県置賜地域との交流では同生協には「親子二代にわたってのファンという組合員や職員がいる」そうです。

現在、パルシステムでは400近い産地と農産物の産直を行っており、そのうち160団体と「パルシステム生産者・消費者協議会」を構成し、組合員との交流や栽培・生産技術の向上等に自主的に取り組んでいます。そういった交流や学習の広がりとともに、同じ「生活者」として食をはじめエネルギーでも都市と農村の共生・共創を目指して展開しています。**表1**に代表的な発電産地との提携状況を示しておきます。

表1　代表的な発電産地

提携年度	自然エネルギー種類	地域	提携発電所	発電出力	農産物の主な産直品目
2013年度	木質バイオマス発電	山形県村山市	やまがたグリーンパワーバイオマス発電所	1,560kW	—
2014年度	小水力発電	山形県長井市	野川土地改良区のがわデンデン小水力発電所	192kW	米、ぶどう
2015年度	太陽光発電	千葉県香取市	佐原農産物供給センター パルシステムのおひさまシェアリング	49kW	野菜全般、いちご
2016年度	鶏糞バイオマス発電	岩手県軽米町	十文字チキンカンパニーバイオマス発電所	4,878kW	鶏肉

（出所）パルシステム提供資料を基に筆者作成。

3　ついに組合員の家庭にも電気が届く

16年4月の電力小売全面自由化により組合員の家庭にも発電産地の電気を供給することが可能になりました。パルシステムでは、それまで生活協同組合パルシステム東京の子会社が担っていた新電力事業をグループの子会社㈱パルシステム電力に発展的に継承し、グループ全体に広げて取り組んでいます。

発電産地の電気を組合員の家庭に届けることは容易ではありません。小売電気事業者（㈱パルシステム電力）は、電力の需要と供給を計画と常に一致させる「同時同量」の義務を負います。計画外の電力の需要量や供給量の増減は、市場などで購入や売却の調整を図ることになります。また、一般家庭では夕食から就寝にかけての時間帯が一日で最も多くの電力を消費しますが、わが国の自然エネルギー電源種別で圧倒的多数を占める太陽光発電では日中しか発電できず、需給のインバランス（不均衡）を起こしてしまいます。

これには、パルシステムでいち早く新電力事業を手掛けた経験・ノウハウが生きています。高度な需給調整を可能とし、安定的な自然エネルギー電源の確保のため電源構成の多様化を図っています。産直ブランド〝までっこ鶏〟（鶏肉）の㈱十文字チキンカンパニー（岩手県）で鶏糞バイオマス発電所[1]が稼働したことで、24時間出力の安定した大規模な電源を確保することができました。これも産直の絆が生きた証しといえます。これにより、16年10月より東京地区を中心に組合員世帯に電気の販売を開始（約1000世帯と契約済、17年3月末現在）し、現在、販売先をグループ全体の地域へと広げています。

4　電気の質を問う社会に

電気料金は従来の一般的な家庭の料金（東京電力「従量電灯B」）に「発電産地応援金」108円（税込）／月がプラスされる点が、パルシステムの電気に対する考え方を端的に表しています。「発電産地応援金」は、自然エネルギー電気の生産者に届けられ、新たな発電所の建設準備や発電所の運転経費等に活用され、発電産地を下支えします。それが、パルシステムが提供する電気の大部分が自然エネルギーであることにもつながっているといえます（**図2**）。

「何を買うかで世の中を変えることができる」という信念のもと、パルシステムでは電力の産消提携により、電気も選択できる社会の実現を目指しているのです。

図2　「パルシステムでんき」の電源構成（2016年度実績暫定値）

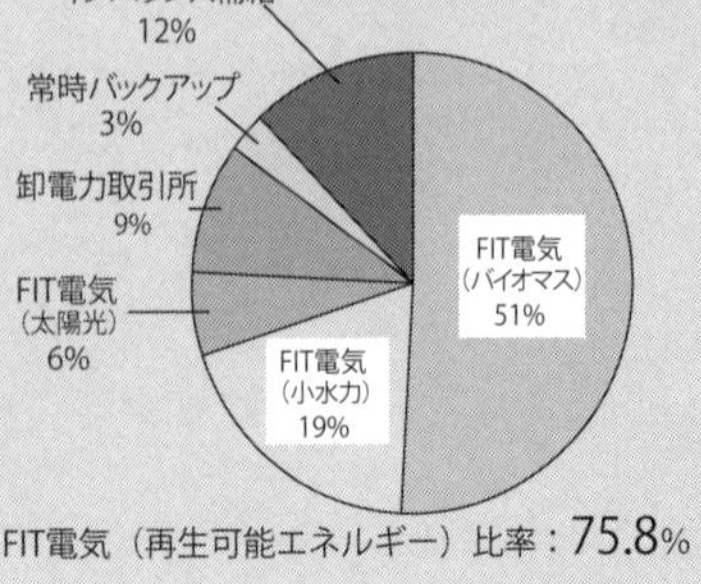

FIT電気（再生可能エネルギー）比率：75.8%

（出所）パルシステム提供資料を基に筆者作成

注

（1）震災復興や農林水産業の振興・地域経済活性化に資する観点から、農林中央金庫を主幹事とするシンジケート・ローン（総額25億円）を組成し資金対応を行っています。

（河原林　孝由基）

※本稿は『農中総研　調査と情報』2017年7月号（第61号）に掲載された河原林孝由基「エネルギーも産直の時代へ―パルシステムグループによる「電力の産消提携」の展開―」の一部を修正したものである。

第4章　ドイツの「エネルギー大転換」と自然エネルギー村

日時：２０１６年3月29日（火）
場所：明治大学グローバルフロント４０２１号教室　座長：村田武氏（九州大学名誉教授）
講演：アロイス・ハイセンフーバー氏（ミュンヘン工科大学教授）―村田教授による逐次通訳―

本章は、ドイツにおける農業政策と環境問題の第一人者であるミュンヘン工科大学教授　A・ハイセンフーバー氏を迎え、自然エネルギー先進国ドイツの情勢・動向等についての講演会を開催した際の講演内容を収録したものです。（文責：河原林　孝由基）

（発言者：敬称略）

【村田】 今回のハイセンフーバー教授の来日は、教授が組織された「桜の時期に日本を訪ねるスタディツアー」の団長としてであります。農業経済関係の研究者、学生、それに農家の21名からなる混成チームです。農家のなかには、〝Ｗａｇｙｕ〟（和牛）を90頭飼育し、欧州では最大の和牛経営だというカインツ夫妻も参加されています。

ドイツにおけるエネルギー大転換とは

【村田】 本日のこれからの講演は、農村のバイオガスをはじめとする自然エネルギー問題を語っていただきます。ドイツで言うエネルギー大転換というのはどういうものなのか。現実にどのように自然エネルギーが増えているのかについてお話いただくことになります。

【ハイセンフーバー】 皆さん、よくお越しいただきました。最初に、日本とも共通していると思いますが、自分自身が研究してきたテーマはエネルギー問題と地球温暖化問題です。この温暖化問題にどう対応するかということです。日本に関心を持っているのは、私がバイエルン州出身であることにも関係します。バイエルン州は緯度から言っても、また地形的にも日本と共通点があるのと、もう1つは小規模家族経営中心の農業構造だということでも共通点があるので、研究を進めてきたわけです。本日の講演の前半はエネルギー転換問題について、後半はバイエルン州北部の農村を事例にした新しい自然エネルギー問題を紹介したいと思います。

１９８３年に緑の党が出現したきっかけは、エネルギー問題が大きな転換を迎えたことと環境の問題でした。１９８６年のチェルノブイリの原発事故による原子雲は北のスウェーデンに向かって流れるのと、もうひとつはハンガリーからドイツに向かって流れました。それで放射能に汚染した食料の問題、食べていいかどうか、危険ではないかといった問題が起こりました。これは今日に至るまで悩ましい問題です。

ドイツ国内では、ミュンヘンからわずか１５０㎞のところに原発があり、それが常に問題になっています。当然、原発周辺の住民はたいへん厳しい状況にあり、これまで原発を巡っての議論と争いの中に巻き込まれてきました。とくに問題になったのは原発の使用済み核燃料の再利用の問題です。日本でもやろうとしてうまくいっていないこの問題を巡っての議論の中で、今はストップする事態になりました。フランス、イタリアでは使用済み燃料を再利用していますが、ドイツの中では使用済み核燃料再利用は住民の反対の中でストップしました。

その後、大きな転機が訪れました。２０００年の社会民主党・緑の党の連立のシュレーダー政権の成立で、漸進的に原発を減らすという政策がとられることになりました。ところが２０１０年には保守党のドイツキリスト教民主同盟のメルケル政権が誕生して、それまでの原発削減政策を停止するという、また逆戻りの政策がとられました。その理由は原子力発電がコスト的に安いということと、炭酸ガスを発生させない、させる量が少ない、環境にやさしいということでした。

衝撃を与えた福島の過酷事故

ところが、２０１１年の福島の過酷事故、これが衝撃を与えました。高度な科学技術力を持った日本でも現実に原発事故が起こるんだと、これはドイツ人にとっても大きなショックでした。ロシアのチェルノブイリとは違って、世界の科学技術でドイツと並んで最先端のはずの日本で、何で原発事故が起きるんだということでした。バーデン・ヴュルテンベルク州の州議会選挙では、一挙に緑の党が躍進して政権を握りました。戦後一貫して保守党のドイツキリスト教民主同盟が政権を握ってきたバーデン・

ヴュルテンベルク州です。そこが一挙に政権交代する中で、メルケル政権は政策の転換を迫られたわけです。

正直にいって私自身も原発については疑問をもっていませんでした。それが福島の事故で衝撃を受け、自信を持てなくなりました。ドイツ自身も自信を持てなくなって、２０１１年6月30日に倫理委員会の結論を受けて、メルケル政権は２０２２年まで5段階で原発を停止するという政策の大転換を行いました。しかし、そのように動き出したものの、バイエルン州は3つも大きな原発を抱え、しかもライン川のすぐ対岸のフランスの原発から、さらにチェコの原発からも電力は入ってきている中で、２０２２年に原発すべてを停止するというのはあまりにも過大な要求ではないかということもあり、この間、原発政策に対する動揺が起こっているのも事実です。つまり、バーデン・ヴュルテンベルク州で緑の党が政権を握って今新しい時代に入り、原発の停止は始まったものの、そうすんなりとはいかない状況が生まれています。

原発との関係で問題になるのが、経済効率です。エネルギー生産にコストがかかり過ぎては困るということです。それは電力も熱も、それから運輸、輸送用の燃料についても同様です。風力とか太陽光発電の比率が高まる中で、供給の安定性や環境との共生という問題もあります。欧州で安く手に入るのは、石炭ではなくて褐炭です。褐炭が占めているエネルギー源の役割は大きく、電力の熱源としても非常に大きいものです。褐炭は少し茶色がかって炭素の含有量が低く、これを燃料にすると亜硫酸ガスなどの発生が大きく、環境にネガティブな影響を与えます。原発による発電を漸進的に減らしていったとして、逆にコストが安いとはいえ褐炭による発電量が増えていくと環境問題とぶつかります。

エネルギー方向転換の目標

次に、エネルギーの方向転換の目標です（**表1**）。1番目の項目がエネルギーの総消費量に占める自然エネルギーの割合を示しています。2番目が電力消費量に占める割合、3番目以降は熱、運輸燃料に占める割合となります。熱消費についての自然エネルギーの割合についての目標は、2030年以降はまだ示されていません。

また、下の2つの項目は省エネの削減率です。まだ構想段階ですが、エネルギー消費量をどう減らすかということで、これが非常に重要な目標で2030年に50％、一次エネルギー消費で50％減らすという大胆なものです。私は、2020年に第一次エネルギー消費量20％と言わず40％減らすことも可能だと思っています。もちろん、経済成長と環境保護とのバランスの中で考えなくてはなりませんが。

次に法改正の経緯です。1991～2003年までの電力供給法に始まって、2012年の再生可能エネルギー法の第3段階の改正である第3次改正までとなります。2000年の再生可能エネルギー法でFIT制度（固定価格買い取り制度）が導入されました。日本が福島原発事故の後、2012年に導入したものです。この法律で、再生可

表1　エネルギー方向転換の目標
（自然エネルギーが占める割合の目標）

（％）

	2014	2020	2030	2040	2050
エネルギーの総消費量に占める割合	12.4	18	30	45	60
電力の総消費量に占める割合	27.8	35	50	65	80
熱消費量に占める割合	9.9	14			
運輸燃料に占める割合	（未確定）				
一次エネルギー消費量の削減率		−20	−50		
温室ガス排出量の削減率		−40	−55	−70	−80/95

能エネルギーへの転換が本格的になりました。

エネルギー生産のためのバイオマスの利用

２００７年11月に農業政策に関する科学アドバイザー委員会というのが、エネルギー生産のためのバイオマスの利用についての提案をしています。何かというと、この間、先ほど言った２０００年にＦＩＴ制度では、バイオガス発電による電力の買い上げ価格が非常に高く設定されました。小規模発電の場合、１kWhが25セントですから。現在の為替レートでは１kWhで30円は優にします。ところが、家畜の糞尿だけではエネルギー効率は低く、牛の糞尿だと1㎥、つまりほぼ1トンでメタンはせいぜい14～15㎥しか発生しませんが、穀物や、日本で言うデントコーン、つまりホールクロップのトウモロコシを原料にするとエネルギー効率は劇的によくなります。トウモロコシを茎も葉っぱも未熟の実もいっしょに刈り取ってサイレージします。これをサイレージコーンといいますが、1年間サイレージして乳酸発酵させると、これがいいメタンの原料になります。しかも、これは1ha当たり平年作で45～50トンもの収量があります。実取りの穀物の7～8倍にもなります。デントコーンは、本来は牛の餌ですが、これをメタン原料にするわけです。デントコーンのサイレージは1トンでメタンは１００㎥は出ます。そうすると大規模化という欲が出てきます。発電機の能力を50、１００kWではなくて、２００、３００kWとか出力を大きく上げると固定価格で入ってくる金額が大きくなります。こうして農村では、デントコーンを原料にするメタンガス発電競争が起こりました。せっせと農地を借りてデントコーンの栽培面積を増やし、高い出力のバイオガス発電をやれば、乳価など農産物価格が下がっていくのに対抗できるということになったのです。これはデントコーンの栽培がやたらに増えて、輪作体系を壊すなど厄介な問題を生み出しました。２０１３年に誕生したメルケル大連立政権は、新規のバイオガス発電は家畜糞尿や食品残さなど廃棄物を原料とするものしか認めないという政策転換を行いました。結果的にみてバイオガス発電の割合は全体としては高くなっていません。発電量に対して投資額が大きいこともあります。

それに対して、風力や太陽光は、バイオガス発電のような制限がそれほどありません。風力には２つの可能性があります。１つは海上の風力発電と、もう１つは陸上の風力発電です。ただし、風力発電の伸びが止まっているのは、１つは風車が立つことによる景観問題です。もう１つは低周波騒音という問題です。例えば風車の高さが２００ｍあれば、その10倍の半径２㎞エリアの中には１基しか建てられないという規制が行われ、バイエルン州ではもうこれ以上建てることができません。そういう時代が来ているわけです。

コスト的には褐炭の方が安いというジレンマ

一方、海上の風力発電はその制限は少ないです。ただし、北海とバイエルン州というのは１０００㎞離れていますから、これは送電線が問題になります。北海から１０００㎞におよぶ高圧送電線の整備に掛かるコストの問題になります。一方、コストの問題ならポーランドなどの褐炭で発電した電気を買えばいいではないかとかいう議論もあり、安定したエネルギーをどう確保するか、さまざまな議論が起こっています。長期予測を含めて風力の実績がどの程度になるのかははっきりしないところですが、ほんの数年前までは北アフリカのサハラ砂漠の北辺でメガソーラーで発電し、地中海から海底ケーブルで電力をバイエルン州まで持ってくればよいという議論もありましたが、そういう議論は今はほとんどなくなり、やっぱりこれはドメスティック（国産）、電力も地産地消だというような議論に戻っているような気がします。ただ、地産地消といっても、ドイツでは農地法の規制がなく耕地内にメガソーラーの設置が進みましたが、やはり農業生産等の影響が当然問題視されるようになって、今では基本的にストップしています。

次に１９７０年から40年あまりの間のこれらのエネルギー源に対する投資である公共投資の累積額がいくらになっているかということです（**図１**）。２０１２年時点（単位は億ユーロ）で、石炭１７７０、原子力１８７０、褐炭６５０、自然エネルギー５４０、天然ガス10となっています。今後もこのまま伸びていくかは

図1　エネルギー資源への公共投資累積額（電力生産用、1970 ～ 2012年）

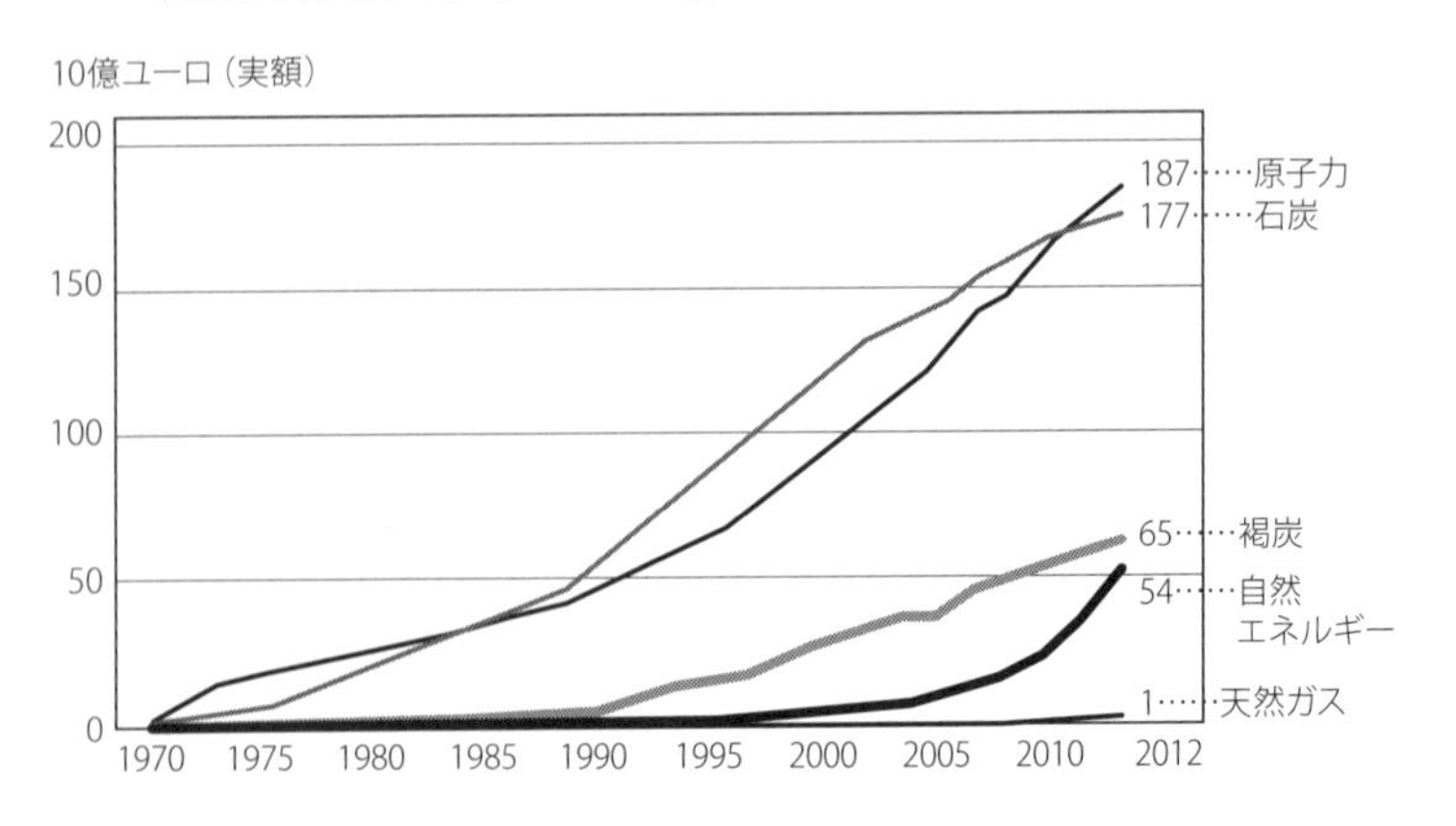

わかりません。

表2で、電力消費量に占める自然エネルギーによる発電量（２０１４年）がわかります。これは恐らくわれわれが今、手に入れることができる最新のデータでしょう。水力、太陽光、バイオマス、風力に比べ、原子力はわずか15・９％まで落ちているというデータです。なお、２０２５年には自然エネルギーによる発電が40～45％と予測しています。

結局は高くつく原発のコスト

発電のコストが議論になりますが、「原子力が一番安いんだよ」という人も当然います。コストに何を算入するかが問題です。例えば、使用済み核燃料の処分場建設場所がありません。自分の家の近くには、みんな欲しくないわけです。だから処分場建設場所としていろいろな国の名前が挙がりますが、中国やお月さんまで、とにかく使用済み核燃料の処分場問題で大変悩

表２　電力消費量に占める再生可能エネルギーによる発電量（2014年）

自然エネルギー	1,574億kWh	（25.8%）
褐　炭	1,560億kWh	（25.6%）
原子力	969億kWh	（15.9%）
石　炭	1,099億kWh	（18.0%）
天然ガス	585億kWh	（9.6%）
その他	317億kWh	（8.2%）
水　力	208kWh	（3.4%）
太陽光	352kWh	（5.8%）
バイオマス（有機廃棄物を含む）	489kWh	（8.0%）
風　力（海上）	12kWh	（0.2%）
風　力（陸上）	512kWh	（8.4%）
総発電量	6,104億kWh	

自然エネルギーによる発電量1,574億kWhは、全ドイツの発電量の４分の１強（25.8%）を占める。他のエネルギー源を追い越して初めて最大のエネルギー源になった。

ましい事態が起こっています。その問題をコストに入れたら大変なことになるわけですが、原発が一番安いと言う人はそれをコストに入れてないわけです。使用済み核燃料の処分コストがどれだけかかるか誰も分からない。さらに停止後の原発の廃炉問題もあります。ドイツには4大電力会社がありますが、どの電力会社も廃炉のための資金を持っていません。廃炉コストを誰が負担するのかということになります。

また、環境対策として炭酸ガスを減らすためにどのくらいかかるか分かりませんが、温暖化の原因となる炭酸ガスをつかまえて、これを固定して地下に埋蔵するだとか、これはＣＣＳ（Carbondioxide Capture and Storage）と呼ばれていますが、未だに成功していません。まだ実験段階だと思います。

省エネ技術によるエネルギー転換

私たちはエネルギーといえば電力（生産）のことばかり考えていますが、ドイツでは日本よりもう少し議論が進んでいるなと思われるのが省エネです。住宅、ビルディングなどの省エネ技術による転換です。今はエネルギーを使うだけですが、そのうち、エネルギーを生み出す建築物（＋エネルギー住宅）にする。これを１９５０年からずっと２０３０年までに段階的に減らそうというものです。

歴史的にみると１９５０～１９８０年以前までは電力だけではなく温水による暖房も可能だったわけです。温水供給から熱交換機による冷房も可能であって、ドイツの場合は冷房が今までほとんど必要ないということもあって、冷房の話がまったく出てきません。もっぱら冬の暖房が必要なエネルギーですから、温水暖房は出てくるんですけれども、１９８０～２０００年までは低エネルギー住宅へ、しかし、まだこれは受動的段階です。そして２０００年以降は、＋エネルギー住宅いう目標を示し、化石エネルギー資源にできる限り依存しない新建築をめざしています。

次に、自然エネルギー分野の雇用、これが決して小さくないという話です。風力で見ますと、２０１０年で９万６０００人、２０１１年末で11万７０００人となっています。バイオマスで、これよりちょっと増えて12～13万人。太陽光で12万５０００人になっています。水力、地熱エネルギー、さらに研究管理の分野は少ないですが、風力・バイオマス・ソーラーでそれぞれ10万人を超える雇用が生まれているなど雇用への波及効果がみられます。

また、自然エネルギー生産は誰が担い、誰が所有し、誰が利益を得るのかということです。40％が一般の市民となっており、住宅の屋根に太陽光パネルを張ってということになります。４大電力会社の分というのはわずか６・５％に過ぎません。

自然エネルギー設備への投資の状況ですが、主体としては、それぞれ個人、市民エネルギー団体、それから市民活動家（Citizenactivism）、それから事業家の投資、そしてエネルギー会社となります。とくに太陽光を見ると、市民と市民活動家、個人と市民活動家が非常に多くなっています。海上の風力発電については投資額が大きいですから、これは個人は少なく、やっぱり事業者が多くなります。

自然エネルギーにおけるサーチャージ問題

よくドイツは電気代が高いといわれます。ここでは家計の電気代についてふれます。自然エネルギーの割当金は家計に対するサーチャージ（割増金）になります。**図2**を見ると、サーチャージ分が膨らんでいるということが分かります。

このパラドックスは自然エネルギーにおけるサーチャージ問題ということになり、通常の電気代の上に太陽光や風力発電で電力を起こした分については電気代が上乗せされるという、一般勤労者にとっては非常に厄介な問題になります。現在、ドイツの電力供給法では自然エネルギーで発電した分は優先的に買い入れるということになっています。隣国のオーストリアなどに輸出する際にサーチャージが上乗せされると、価格が変動し上昇して輸出が困難になるというケースもあります。

また、自然エネルギーを優先的に買うことにともなう難しさもあります。電力というのは貯蔵できないので、バッテリー貯蔵がまだ十分でないという中、発電した電力はすぐに

図2　家計にとっての電気代（2007～2013年）

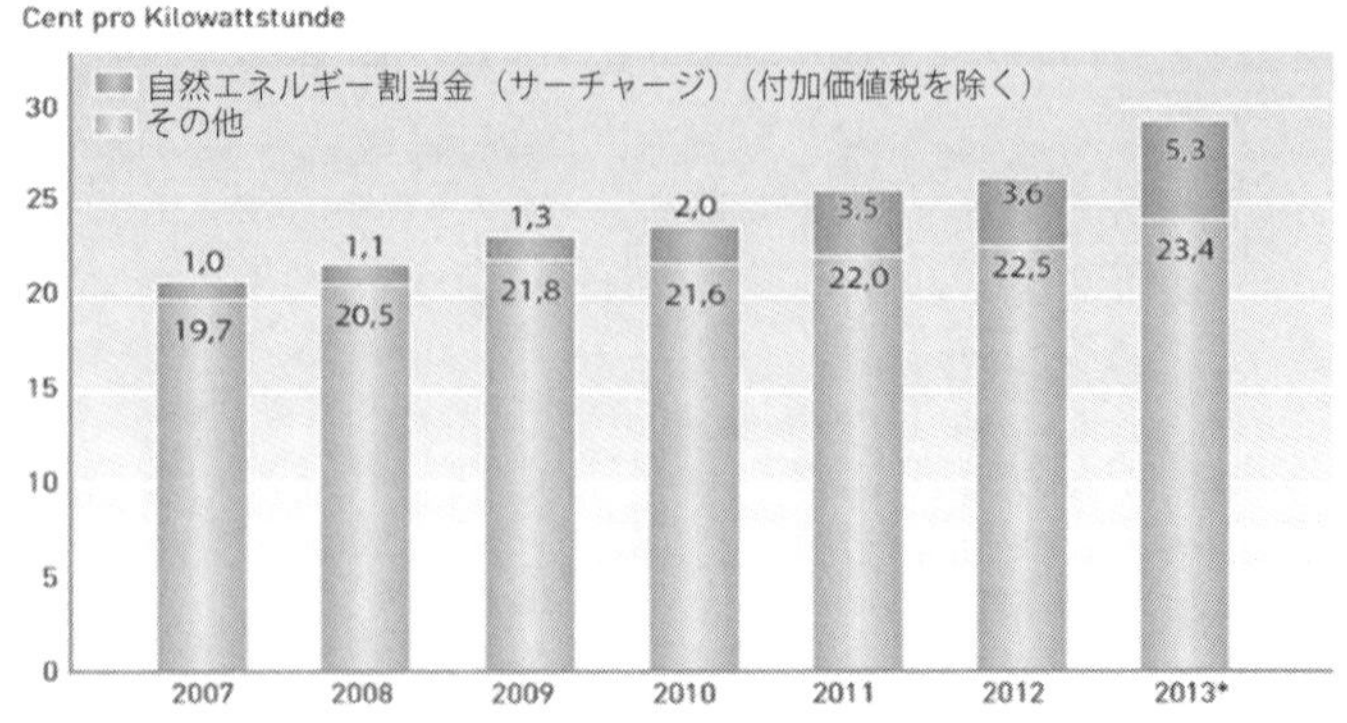

消費しなければならないので、その操作に大変苦労しています。とりわけ東欧やオーストリアやポーランドに送電線がつながっている中で、発電したものを売ろうとしたときに、自然エネルギー部分の価格が変動することがより厄介な問題を引き起こすことになります。

企業にとってみれば、価格が上昇するのは競争上困るというのは当然です。23・４セント／kWhにプラス５・３セントのサーチャージ、実に価格の４分の１強を占めるに至っています。このサーチャージ問題を巡っては当然議論になると思います。

固定価格買い取り制度が２００４年から２００９年、２０１２年、２０１４年と改定されています。例えば屋根に乗っかったソーラーが現在55セント／kWhですから高いですね。

農地にある大型のメガソーラー型でも、現在パネルのコストは１kWh当たり12セント（日本円で15円）ぐらいだったのが、10セントあまりまで下がってきています。一方、バイオマスについては大体平均15セントに引き上げられています。バイオマスの場合は原料の価格に規定されますので、原料問題によってバイオガス発電は将来そう大きくなれないというふうに見ています。また、海上の風力発電の価格も引き上げられています。

地産地消型か中央集中型か

これらの非集中型の小規模の発電施設と大型発電（これは原子力も含めて）のどちらでいくのかという論争があります。地産地消でいくのか、大発電所で遠距離輸送なのか、その論争は終わってないようです。

次は発電種類別の温室効果と大気汚染などの外部コストについてです。発電それ自体は安いのに、外部コストが大きくなるということがあります。褐炭の原料が安いということで、ライプチヒで褐炭を原料にした発電をする場合には、非常に褐炭自体は安いのですが、外部コストがかかる。世界的に原油価格が下がっている状況の中で、事態はより複雑になっています。生産、発電コストが下がっているので外部コスト問題が議論しづらくなっています。

後半でもふれますが、ドイツ連邦政府は農村に対し、ぜひ自然エネルギーで村おこしをという、そういう提案をしています。バイオエネルギー村の話になります。村と言っても地域ごと、日本で言う郡レベルぐらいの広いところもあるし、もう少し狭い地区単位もありますが、既に自然エネルギー100％を達成しているところも半数以上あります。もっとも100％と言うけれども、人口の少ないところでエネルギー消費の小さいところも含まれていますが。詳細は後ほど紹介します。

【村田】 ちなみに、わが愛媛県の原発を抱えている伊方町（人口約10000人）では、原発から半島（佐田岬）側に5000人住んでいるので、事故の際に避難できないではないかということで、松山地裁には運転差止訴訟が起こされていますが、佐田岬には58本もの風車が立って、ほぼ5万kWを発電しています。原発を抱えていながら、一方では伊方町が愛媛県で唯一の100％自然エネルギーの自治体だという事態になっています。

【ハイセンフーバー】 ドイツでは自然エネルギーで村おこしをしようというのが全国的な動きになっています。原発については、これから5段階で停止します。最後の2022年にすべてが停止するのですが、その後をどうするかという問題が起こるわけです。原発の立地しているところはドイツでも困難な問題を抱えているわけですが、全国的には自然エネルギーで村おこしをしようということです。

一方で、フランスでは新しい原発ができようとしていますし、チェコには、ドイツから50㎞に原発があります。原発を停止しながらも新しい送電線をきちっと整備しないと、ドイツ全土で自然エネルギーで発電したものをうまく流通させるのが困難になります。これもなかなか難しいわけですが。

影をおとす避難民の大量流入問題

エネルギー問題だけではなく政治的にも、とくに避難民の大量流入という、ドイツは100万人を超えていますが、そういうなかで新しい政党「ドイツのためのもう一つの道」という政党が選挙のたびに議席を獲得しています。アメリカのトランプ氏とよく似た発言をする政党が議席を取るような、非常に政治が不安定で国民がそういう新しい政党にどんどん投票する動きがある中で、このエネルギー問題もなかなか悩ましいということです。さらに貧困層にとっ

ハイセンフーバー氏と村田教授

講演会会場

てみれば、サーチャージがプラスされた電気代を払うことについては問題にせざるを得ないということになります。

【村田】 それでは後半に入ります。

【ハイセンフーバー】 日本では本年4月1日から家庭用電力の自由化が始まりますね。託送料金が全国平均で1kWh8円50銭ほどと聞いてますが、これは高すぎます。ドイツでも高すぎる問題があって、これを下げましたが、ネットワークを建設するための費用の問題があります。16州の連邦国家ですから、16州の総理大臣、それと連邦政府とが協議しながらなので、ネットワークを全国的につくるのは厄介です。州の間の経済的な競争関係もあって結構悩ましいわけです。さらに原発廃炉コスト、使用済み核燃料問題もあります。とくに、化石燃料が今みたいに価格が下がっているときには難しい状況になります。

ライファイゼンの精神が生きる地域での取組み

次に事例を紹介します。バイエルン州北部のフランケン地方にレーン・グラプフェルト郡があります。ここは19世紀にフリードリヒ・ヴィルヘルム・ライファイゼンが農村信用組合を立ち上げたラインラント州ヴェスターバルトからそれほど遠くありません。ライファイゼンが呼びかけた「地域の金は地域でうまく循環させよう」という精神でもって地域のエネルギー、村のエネルギーは村でという、そういう地産地消型の事業を起こしているところです。協同組合的な考え方で自然エネルギーに取り組んでいます。パンも十分に食べられない、そういう貧農層のために農村信用組合を立ち上げたライファイゼンの精神を生かそうということです。

オーストリア、チェコ、スイスに囲まれたバイエルン州はババリアと呼ばれる地方です。その西がバーデン・ヴュルテンベルク州です。そのバーデン・ヴュルテンベルク州の州都シュトゥットガルトにはベンツの本社工場、こっちのバイエルン州都ミュンヘンにはＢＭＷの本社工場があり、たいへん豊かで全ドイツ16州の中では一番失業率も低い地方です。その一番北の地域がフランケンです。ミュンヘンなどバイエルン州の南部では就業機会も工場もたくさんあって自宅から通勤もできますが、北部のフランケンでは過疎問題を抱えています。

ここでマシーネンリンク（農業機械利用仲介組織）を説明したいと思います。要するに機械サークルですが、農家が個別にまたは共同で持っている農業機械をうまく利用するために仲介する組織です。機械が大型化していますので、一貫機械装備をすれば機械化貧乏になってしまう、それを防ぐために組織化されています。レーン・グラブフェルト郡は面積１０２２㎢、東京都の半分、沖縄本島を少し小さくした広さです。専業農家で３１８戸に減り、平均97～１００ha／戸です。それから１１４６

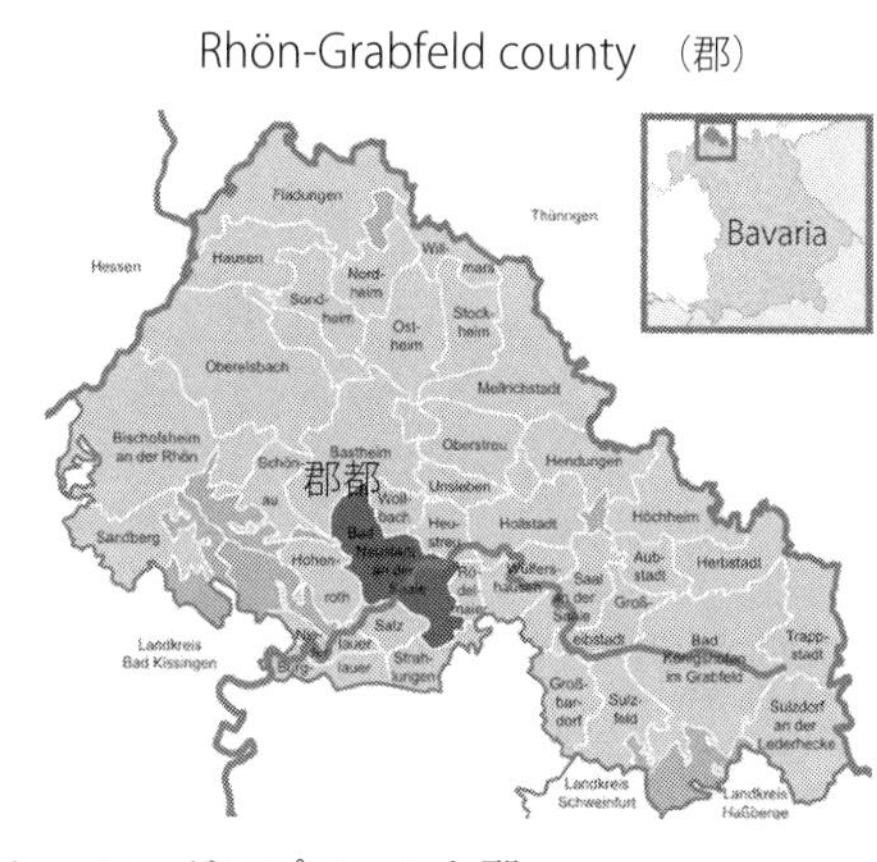

レーン・グラプフェルト郡

戸の兼業農家（同平均17ha）がいます。

標高はそんなに高くないんですが、農地の肥沃度は高くありません。つまり農業的にそんなに恵まれているところではありません。これから紹介するコンサルタント会社である有限会社アグロクラフト社は、バイエルン州農業者同盟と郡のマシーネンリンクが50％ずつ出資してつくった会社です。農業者同盟は、大多数の農家を組織している政治団体で、保守党であるドイツキリスト教民主同盟を支える最大の団体です。

協同組合方式によるメガソーラーの設置

アグロクラフト社は、マシーネンリンクの理事長が非常勤の会長で、専務と数人の職員がいます。社名の由来は、「アグロ」が農業、「クラフト」というのは力という意味です。この会社の指導のもとに、住民が出資して立ち上げたF・W・ライファイゼン・エネルギー・グロスバールドルフ協同組合による村のメガソーラー（１８００kW）があります。

エネルギー大転換（Energiewende）というのはそもそもどういう意味か、２つの意味があります。ひとつは化石燃料や原子力から自然エネルギーへの転換、もうひとつは、集中した大型の発電施設から非集中の小規模な発電施設への転換ということです。

このようなエネルギーの大転換は、農村地域にとってはかつてないチャンスであり、食料とエネルギーの生産につながります。すべての住民の賛同、参加が大事です。また、外部資金ではなくて自己資金、自分たちの資金でやろうということで、地域住民が出資して、そこからすべての住民が利益を得るという考え方によるものです。

ただ、バイオガス発電のプラント周辺には悪臭があるし、騒音もあります。発電と関係のない隣、近所の住民にとっては不満、やっかみが起きます。このやっかみを起こさないように、発電による利益を住民全体とどう分かち合うかということが非常に重要な問題になります。

風力発電でも同じです。風力発電に自分が出資していれば、これは自分の風力発電だということで風車の羽の音もそれほど気になりませんが、自分が出資していない場合は、あれは騒音だということになります。自分で出資すると、羽が回るたびに「１ユーロ、２ユーロ」と聞こえ、騒音ではなく、逆に心地よい音になるだろうということです。

42戸の農家によるバイオガス発電

グロスバールドルフのバイオガス発電は、42戸の農家が参加しており、バイオガスプラントの発電出力は６２５kWです（**写真１**）。バイオガス発電はメタン原料を供給できる農家が参加する有限会社組織です。それに加えて、ガスエンジンの排熱の熱供給量は６８０kWもあるので、これでお湯を沸かし、村内に地域暖房システムを構築しています。この地域暖房システムの設置と運営は、村民誰でも出資し参加できるF・W・ライファイゼン・エネルギー・グロスバールドルフ協同組合によるものです。自然エネルギーから得られる利益を農家だけでなく村民も得られるようにする必要があるからです。村全体では250戸ありますが、今のところ、まだ半数の世帯が灯油暖房機を利用しており、それが更新期を迎えたらこの地域暖房システムに参加してもらおうということです。

次にバイオガス発電施設（**写真2**）をご覧ください。上から見たものですが、右の2つの丸い屋根の施設でメタンの一次発酵槽、二次発酵槽、その下の少し大きく丸い施設がメタン貯留槽です。左のかまぼこ型の施設はバンカーサイロです。収穫したデントコーンや牧草、これを全部ぎゅう詰めにして乳酸発酵させます。これはまだ比較的小さい規模ですが、発電機棟が一番下にあって、屋根には太陽光パネルが張られています。太陽光発電とバイオガス発電との一体型です。この建物内に温水ボイラーがあり、そこから村の中に温水の供給がなされるというシステムです。こうしてグロスバールドルフの電力自給率は475％、熱ではまだ灯油暖房が残っていますから、およそ90％の自給率に達しています。

「1人1票制」をしっかり守る

ライファイゼン協同組合は広域合併型ではなくて、村単位で1

写真1　The Power of Community －42Farmers-1Biogas Plant－

写真2　グロスバールドルフの発電所の屋根にはソーラーパネルを設置

つ1つ独立したものです。村には教会があって、その教会の尖塔から見える範囲で組合を組織しようという考えです。協同組合原理の1人1票制をしっかり守っています。

ドイツ全土ではエネルギー協同組合がすでに800近く立ち上がっていますが、この地域の30組織ぐらいがライファイゼンの名前を冠しているのには理由があります。フランケンのすぐ東は旧東ドイツ（ドイツ民主共和国）のチューリンゲン州でした。旧東ドイツの協同組合は社会主義体制下の集団経営（農業生産協同組合）で、農家を事実上強制的に集団化したものでしたから、それを間近で見ていた旧西ドイツ・バイエルンの農民にとっては協同組合という理念は1回地に落ちているんです。ドイツではGenossenschaft（協同組合）というのは社会主義だと見ているので、社会主義ではないF・W・ライファイゼンの農村信用組合に学んで、農村協同組合を立ち上げようとしたわけです。ここに保守的なバイエルン州農民が結集したということです。

日本の総合農協に期待

最後に、ドイツでは農村信用組合があったので出資できたのですが、日本では信用事業も担っている立派な総合農協が全国にあるのだから頑張ってほしいと思います。振り返れば26年前に私は一人で日本に来ました。今回は20名を連れてのスタディツアーで、日本の協同組合にしっかり学びたいと思います。

ライファイゼンは1818年生まれですから、2018年は生誕200年です。これを記念して皆さんにぜひドイツにお越しいただいてもっともっと交流を深めていきたいと思っています。ありがとうご

ざいました。（拍手）

※本稿は協同組合研究誌『にじ』２０１６夏号№６５４に掲載された河原林孝由基（文責）「ドイツにおけるエネルギー大転換とバイオエネルギー村―講演録―」の一部を修正したものである。

【現地ルポ】エネルギー作物ではなく食品残渣でバイオガス発電（ドイツ・バイエルン州のヘーグル農場）

1 〝トウモロコシだらけ〞ドイツからの警鐘―エネルギー作物栽培とバイオガス発電の実際―

（1）ハイセンフーバー教授の示唆

２０１６年９月下旬、九州大学村田武名誉教授を団長とする、自然エネルギー先進国ドイツでのバイオマス利用状況調査を実施しました。調査先はドイツ南部バイエルン州で、農業政策・環境問題の大家であるミュンヘン工科大学のアロイス・ハイセンフーバー教授（Prof. Dr. Alois Heißenhuber）に現地でのコーディネートをいただきました。

バイエルン州はドイツで農業が最も盛んな地域でありますが、農業経営の規模は比較的小さく兼業農家の割合が高いなど日本農業との類似点が多くあります。また、ミュンヘン工科大学はドイツでトップクラスの大学であり、同州では唯一農学部のある総合大学でもあります。16年３月に同教授を団長とする日本調査チームを受け入れ、同大学との研究交流会（㈱農林中金総合研究所・（一社）ＪＣ総研共催）を開催しており、今回の訪問はその後の研究交流の一環として同教授の招請により実現したものです。

今回調査では同教授がドイツでのバイオマス利用、とくにバイオガス発電に対して〝トウモロコシだらけ〟という表現を繰り返し用いて警鐘を鳴らされていたことが非常に印象的でした。ドイツでは固定価格買い取り制度（以下「ＦＩＴ」）のもと売電収入を増やすべくエネルギー効率を追求するあまり、家畜飼料としてトウモロコシ（デントコーン）を栽培するのではなく、エネルギー作物として発電のためのトウモロコシの栽培が拡大しました。結果、〝トウモロコシだらけ〟となり、バイオガス発電は本来の有機・循環型農業とかけ離れたものになっている側面があるとの指摘があります。

（2）農村景観の変化

バイオガス発電が始まって農村の景観はどのように変化したのでしょうか。ミュンヘンの北80㎞に位置する田園地帯フォルケンシュバントにあるヘーグル（Högl）農場を訪問した時のこと、車でアウトバーンを1時間程度走行しましたが、行けども行けどもトウモロコシ畑が続きます。ちょうど収穫時期に訪問したこともあり一面トウモロコシが勢いよく生い茂っていました。品種はデントコーンで日本でも家畜飼料として知られますが、その大半は牛の口に入るのではありません。ホールクロップしたトウモロコシをサイレージにし、エネルギー作物としてバイオガス発電の原料として使用されるのです。

（3）なぜ〝トウモロコシだらけ〟なのか

バイオガス発電（メタン発酵ガス化バイオマス発電）とは、家畜糞

写真1　トウモロコシ畑が続く
（出所）写真はいずれも筆者撮影。

尿等を嫌気発酵処理する際、その過程で生成されるバイオガス（メタンが主成分）をエネルギー源とする発電です。ドイツでは２０００年にＦＩＴを導入し、当時の買い取り価格は25セント／kWh（20年固定価格）と高い水準で設定されていましたが、家畜糞尿を原料とするだけではエネルギー効率（メタン発生量）は高くありません。そこで、トウモロコシのメタン原料としての優位性に注目が集まったのです。

トウモロコシは①エネルギー収量が高い、②作付期間が短いうえに単収が高い、③サイレージにすれば長期貯蔵が可能といった利点があります。①エネルギー収量は、牛の糞尿の場合１トン当たりのメタン発生量は14～15㎥程度ですが、デントコーンのサイレージでは同メタン発生量は１００㎥あり、糞尿の7倍ほどのエネルギー効率があります。また、実取りではなくホールクロップ（茎・葉・未熟の実すべて）は１ha当たり平年作で45～50トンの収量があり、実取り穀物の7～8倍の収量が期待できます。②作付期間としては5月に直播きし8～9月には収穫できます。③サイレージにすることで必要なときにエネルギー源として利用することが可能となり安定的な電力を生み出します。これらのことから、農村でトウモロコシを原料とするバイオガス発電が拡大していきました。

当初の政策的意図としても、①乳価下落等により低迷する酪農経営を売電収入で下支えする、②休耕地対策につながる、③バイオガスプラントの普及拡大により技術の確立・進歩・成熟化を図るといった効果を企図し成果をあげましたが、一段の普及拡大はバイオガス発電競争を引き起こすこととなります。ＦＩＴ導入以降、トウモロコシ畑は一挙に80万ha増加したといいます。

（4）弊害の顕在化と政策の転換

バイオガス発電競争は農地価格と借地料の上昇を招き、輪作体系を損なうなど農業の持続可能性の面で問題が顕在化しました。当地での持続的な土地利用の基本は穀物（小麦、ライ麦）と根菜類（甜菜、馬鈴薯）のローテーションにありましたが、それがトウモロコシの植付けにより穀物一辺倒になりました。連作障害を防ぐため化学肥料・農薬を大量に投入し、それが土壌劣化を招き悪循環に陥っていきます。

酪農家は酪農経営を大きくするのではなくトウモロコシ畑をひたすら拡大し、自然エネルギーは本来、環境適合型であるはずなのに、それとはかけ離れたものとなってしまいました。現政権では、これ以上エネルギー作物の栽培が拡大しないよう歯止めをかけ、現在、ＦＩＴのもとでは新規のバイオガス発電は家畜糞尿や食品残渣など廃棄物を原料とするものに限定されています。

（5）自然エネルギーの健全な発展とは

エネルギー作物（デントコーン）が酪農経営を下支えしてきたことは事実です。また、自然エネルギー技術の普及拡大により導入・維持コスト（ひいては国民負担となるＦＩＴの買い取り価格）は下がりました。当初の政策的意図に意義は認められますが、エネルギー効率（収益性）だけをみて圧倒的に優位なトウモロコシに集中しモノカルチャーになったことでさまざまな弊害が顕在化したのです。

翻って、日本ではバイオガス発電向けのエネルギー作物はほとんど栽培されておらず、バイオガスプラントそのものが一般的に普及しているとはいえません（ドイツ８５００基に対し日本１００基程度)。

エネルギー作物は自然エネルギー普及拡大の起爆剤になるとも考えられますが、弊害も少なくありません。エネルギー作物を取り扱うには、持続可能な農業をトータルで考え、農業生産を主体にエネルギー作物はあくまでも副産物の位置づけで、農業経営を複合化(下支え)していくという視点が肝要です。要はバランスの問題であり、それには明確な政策意図の説明と機動的な政策対応が求められます。

2 〝農場〟と名乗ることのプライド―ドイツ・ヘーグル農場でのバイオマス利用―

(1) バイオマス利用の原点回帰

前節ではドイツでのバイオマス利用、とくにバイオガス発電では〝トウモロコシだらけ〟という表現を用いて、発電の原料とするエネルギー作物としてのトウモロコシ(デントコーン)の栽培が拡大し、本来の有

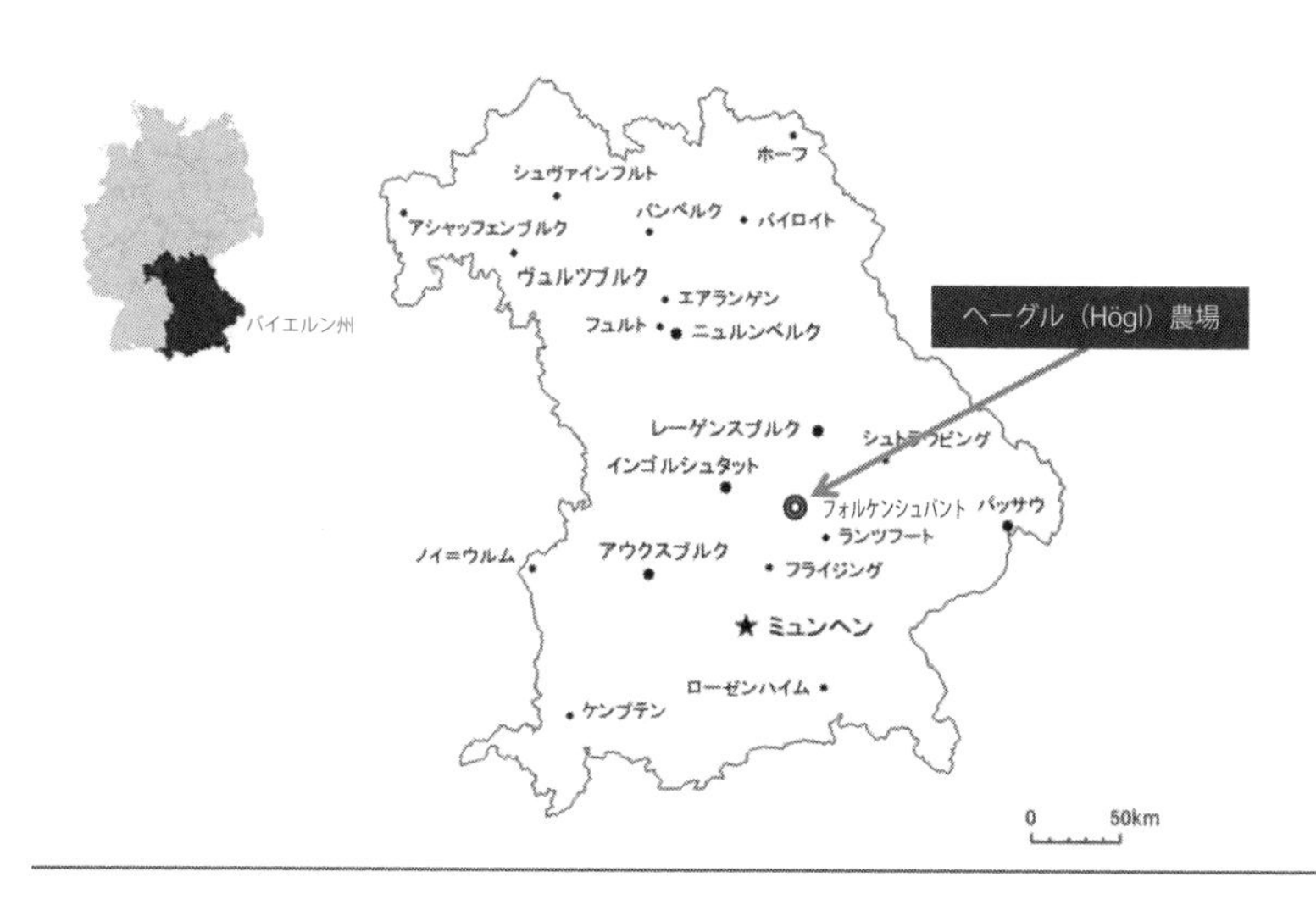

機・循環型農業とかけ離れたものになっている側面を指摘しました。ここでは、そのようなエネルギー作物に依存するのではなく食品残渣等を中心にバイオガス発電に取り組むドイツ・ヘーグル農場を紹介します。

ヘーグル農場はドイツ南部バイエルン州の州都ミュンヘンの北80㎞にある田園地帯フォルケンシュバントに位置し、当地があるハラタウ地方は世界有数のビール用ホップの産地です。この地で当農場は農家林家から出発し、ホップ栽培は土地を痩せさせることから草木堆肥の供給（生産・販売）を長年手掛けています。1993年に食品残渣の取扱いを開始し廃棄物処理の事業領域を順次拡大、2000年ドイツでのFIT導入に伴いバイオガスプラントでの売電を始めました。

敷地面積5haの中に社屋・住居、堆肥場、バイオガスプラントを配し、草木（落葉枝・剪定枝等）堆肥の生産・販売と食品残渣等廃棄物の回収・処理の2事業を主軸に展開しています。現在62名を雇用し、農家企業複合体の様相となっています。

(2) 事業モデルの紹介

農場を経営するヘーグル夫妻が語る事業理念は「農業を家業とし農場をルーツとする当社は、農民の精神をもって循環型農業を実現し、環境を重視した持続可能な社会の構築を目指す」（一部筆者意訳）ことにあります。

写真2　草木堆肥場。二次発酵後、機械で土粒状に成形

まず、草木堆肥の生産では落葉枝・剪定枝等を収集し、農場で裁断・破砕します。それを伝統的な製法（一次発酵・切り返し・二次発酵）で完熟させ、最後に土粒状に成形し有機肥料として出荷します。

もう一つの事業の柱である食品残渣等廃棄物の処理では、広範囲に回収ルートを整備し自社トラックによる回収作業を請け負っています。食品工場の残渣に加え、レストランやホテルでの食べ残しなどを蓋付きの専用容器を用意し回収しています。年間で専用容器6万8千個分、重量にして8万2千トンを処理しており、処理手数料（トン当たり60ユーロ〔法定〕）が大きな収入源になっています（以降、数値は全て15年データ）。

写真3　食品残渣等廃棄物処理場。手前が専用容器

食品残渣等はバイオガスプラントで嫌気発酵処理により処分します。その過程で生成されるバイオガス（メタンが主成分）をエネルギー源として発電（バイオガス発電）や熱供給を行っています。プラント総工事費は4百万ユーロ、１４００kWの発電機を導入し稼働率は50％〜60％とのことです。発電した電力はＦＩＴにより売電し収入源となっています。プラントは順次拡大してきており、ＦＩＴの買取価格はプラント稼働の時点ごとに区々です。ちなみに、直近の買取価格は13・5セント／kWh（大型施設）となっています。食品残渣については法令で70℃の熱処理を行うことが義務付けられており、発電の熱を循環利用しています。熱電併せてのエネルギー生産量は年間11百万kWhとなっています。発酵済み残渣（消化液）は固液分離を行い、固形物は堆肥に、液分は液肥として有機肥料にします。

液肥の生産量は年間1万6千㎥あり、散布作業も請け負っています。堆肥については草木堆肥の生産が大半ですが、食品残渣によるものを含め年間3万1千トンを生産・販売しており、これも主要な収入源になっています。

今回の聞き取り調査では有機肥料販売の具体的な金額は不明でしたが、それを除いても収入の総額は6百万ユーロ規模（筆者推計）になり、現状62名の雇用を維持しています。

（3）事業モデルの評価

近年、ドイツでは自然エネルギー電力は市場価格化の流れのなかで買い取り価格は引下げの一途にあります。一方で、食品残渣の処理手数料は高水準で推移しています。

当農場は一連の事業プロセスのなかで、①食品残渣の処理手数料、②売電収入、③有機肥料販売収入といった複数の収益機会を捉えています。①～③を構成するそれぞれの市場間の相関は希薄であるため、一方の収入が減少しても他方の収入への影響はほとんどないことから全体として持続的な事業展開を可能にしています。

このモデルは、モノカルチャーな事業モデルであるエネルギー作物一辺倒のバイオガス発電への対案を示唆しているといえるでしょう。

（4）バイオマス資源の広範な利用を実現

フランツ・ヘーグル氏は「自分たちの原点は農家・農業にある。エネルギー作物の栽培は農業ではない。むしろ食品残渣などバイオマス資源利用の方が農業に近いと思っている。有機・循環型農業が実現できるからだ。自然エネルギー電力の市場化の流れのなかでもやっていけるのは、売電だけでなく食品残渣の処理手数料があるなど広くバイオマスの利用・循環に意義を見いだし、活路を開いてきたからだ。地域の人を62名雇用するまでになったことがその証左だ」と語られていました。〝農場〟と名乗ることへのプライドがそこにあります。

ドイツ語で農業はLandwirtschaft、つまり〝土地〟の〝経済〟を意味します。農業は単に食料供給にとどまるのではなく、その土地での〝生業〟です。当農場は農家林家から出発し食品残渣等の回収・処理全般の仕組み（リバース・サプライチェーン）を構築するに至り、バイオマスの生産（回収）↓加工↓流通へと6次産業化を図ってきたとも解釈できます。地域のバイオマス資源を広く活用し地域の雇用につなげており、売電だけに頼ることなく将来的なＦＩＴの出口を見据えた取組みとして非常に示唆に富むものといえます。

※本稿は『農中総研　調査と情報』２０１７年1月号（第58号）に掲載された河原林孝由基「〝トウモロコシだらけ〟ドイツからの警鐘―エネルギー作物栽培とバイオマス発電の実際―」、『農中総研　調査と情報』２０１７年3月号（第59号）に掲載された河原林孝由基「〝農場〟と名乗ることのプライド―ドイツ・ヘーグル農場でのバイオマス利用―」の一部を修正したものである。

（河原林　孝由基）

参考文献一覧

第1章

淡路和則「バイオガスプラントの普及要因に関する経営的考察―ドイツの経験から―」『農業経営研究』40（1）、2002年、138～141頁

淡路和則解題「欧州におけるバイオガスプラントの展開―有機性廃棄物利用の現状と課題」『のびゆく農業』954、2004年

井熊均・バイオエネルギーチーム『図解入門・よくわかるバイオ燃料の基本と仕組み』秀和システム、2008年

石川志保他「酪農における共同利用型バイオガスプラントの経済的評価」『農業経営研究』43（1）、2005年、194～199頁

梅津一孝他「バイオガスシステムの経済的・工学的評価分析―費用・エネルギー・環境負荷の評価―」『農業経営研究』43（1）、2005年、188～193頁

梅津一孝・竹内良曜・岩波道生「先進国におけるバイオガスプラントの利用形態に学ぶ～北海道における再生可能エネルギーの利用促進に関する共同調査報告書～」独立行政法人農畜産業振興機構『畜産の情報』2013年6月号所収

小野学・鵜川洋樹「集中型バイオガスシステムの経済性と成立条件―北海道酪農における別海資源循環試験施設の実用運転に向けて―」『農業経営研究』42（1）、2004年、79～84頁

小野学・鵜川洋樹「集中型バイオガスシステムの経済性とプロトタイプ」『農業経営研究』43（1）、2005年、182～187頁

小野学・鵜川洋樹「共同利用型バイオガスシステムの経済性に影響を与える諸条件の改善効果」『農業経営研究』44（1）、2006年、105~110頁
甲斐敬康「宮崎県における鶏ふん焼却によるバイオマスエネルギーの利活用」『畜産環境情報』2007年3月、第31号
田畑保『地域振興に活かす自然エネルギー』筑波書房、2014年
原後雄太・泊みゆき『バイオマス産業社会・「生物資源（バイオマス）」利用の基礎知識』築地書館、2002年
村田武・渡邉信夫編著『脱原発・再生可能エネルギーとふるさと再生』筑波書房、2012年
村田武『ドイツ農業と「エネルギー転換」・バイオガス発電と家族農業経営』筑波書房ブックレット、2013年
吉田文和・村上正俊・石井努・吉田晴代「バイオガスプラントの環境経済学的評価」『廃棄物資源循環学会論文誌』Vo.25、2014年

【コラム2】

岩下幸司・岩田将英『メタン発酵消化液の液肥利用マニュアル』地域環境資源センター、2010年

第2章

参考文献は本文注に記載（坂内執筆分）

3（4）（河原林執筆分）

植田和弘・梶山恵司『国民のためのエネルギー原論』日本経済新聞出版社、2011年
村田武・渡邉信夫編著『脱原発・再生可能エネルギーとふるさと再生』筑波書房、2012年

村田武『ドイツ農業と「エネルギー転換」・バイオガス発電と家族農業経営』筑波書房ブックレット、2013年
村田武『現代ドイツの家族農業経営』筑波書房、2016年
村田武『日本農業の危機と再生　地域再生の希望は食とエネルギーの産直に』かもがわ出版、2015年
金子勝・武本俊彦『儲かる農業論　エネルギー兼業農家のすすめ』集英社新書、2014年

【現地ルポ】

村田武・渡邉信夫編著『脱原発・再生可能エネルギーとふるさと再生』筑波書房、2012年
村田武『ドイツ農業と「エネルギー転換」・バイオガス発電と家族農業経営』筑波書房ブックレット、2013年
村田武『日本農業の危機と再生　地域再生の希望は食とエネルギーの産直に』かもがわ出版、2015年
村田武『現代ドイツの家族農業経営』筑波書房、2016年

あとがき

私が愛媛県下で「愛媛自然エネルギー利用推進協議会」や、「NPO法人自然エネルギー愛媛」の仲間とともに実験を開始している取り組みに、①太陽光発電も耕作放棄地を増やさないソーラーシェアリング、②谷川の水量と落差がそれほど大きくなくとも山間地域での災害対策と結合した10kW未満のマイクロ小水力発電、③小規模食品加工・食堂事業者の食品残渣をメタン原料とするコンパクト・バイオガス事業がある。マイクロ小水力発電は、山間の災害時避難場所（公民館など）の災害発生にともなう停電時の電力を確保する災害対策として自治体に提案する事例である。コンパクト・バイオガス事業は、伊予市の双海中山商工会の「小型メタン発酵試験」での実験事業である。

さらに、県下の畜産地帯でぜひとも畜産経営を支える新たな耕畜連携とバイオガス発電の事業化に取り組

みたいと考えている。

地域における自然エネルギー事業の取組みでは、とくに協同組合の出番になっているという私たちの提案が積極的に受け止められることを心から期待している。

村田　武

著者略歴

坂内 久（ばんない　ひさし）

1954年福島県生まれ。博士（農学）
宇都宮大学非常勤講師
明治大学再生可能エネルギー経済研究所客員研究員
1994年より（一財）農村金融研究会

福浦 眞紀（ふくうら　まき）

1962年生まれ
2008年より生活協同組合パルシステム東京理事
株式会社オルター・トレード・ジャパン顧問

編者略歴

村田　武（むらた　たけし）
1942年福岡県生まれ。博士（経済学）・博士（農学）
金沢大学・九州大学名誉教授
愛媛大学アカデミックアドバイザー
㈱愛媛地域総合研究所代表取締役
愛媛県自然エネルギー利用推進協議会会長
NPO法人自然エネルギー愛媛理事長
NPO法人食農研センター（東京）理事長
［主な著書］
『脱原発・再生可能エネルギーとふるさと再生』（共編著）　筑波書房、2012年
『ドイツ農業と「エネルギー転換」バイオガス発電と家族農業経営』筑波書房ブックレット、2013年
『現代ドイツの家族農業経営』筑波書房、2016年

河原林 孝由基（かわらばやし　たかゆき）
1963年京都府生まれ
1986年４月農林中央金庫入庫
2014年７月（一社）JC総研出向
2016年７月より㈱農林中金総合研究所
北海道大学大学院農学研究院博士後期課程在籍中
［主な著書］
「原発災害による避難農家の再起と協同組合の役割―離農の悔しさをバネに『福島復興牧場』を建設へ―」協同組合研究誌「にじ」編集部企画　小山良太・田中夏子監修『原発災害下での暮らしと仕事―生活・生業の取戻しの課題』筑波書房、2016年

自然エネルギーと協同組合

2017年8月3日　第１版第１刷発行

編著者　村田 武・河原林 孝由基
発行者　鶴見治彦
発行所　筑波書房
東京都新宿区神楽坂２－19 銀鈴会館
〒162－0825
電話03（3267）8599
郵便振替00150－3－39715
http://www.tsukuba-shobo.co.jp
定価はカバーに表示してあります

印刷／製本　中央精版印刷株式会社

ISBN978-4-8119-0516-7 C0034